कालचक्र

कविताओं में विश्व की मुख्य सभ्यताएं

डॉ मुकेश अग्रवाल

अनुक्रम

मन की बात

भाग 1: प्राचीन युग की महागाथा (9-30)

1. मेसोपोटामिया की मिट्टी की महिमा 14
(3500 BCE)
स्थान: वर्तमान इराक के टिगरिस और यूफ्रेटिस नदियों के बीच का क्षेत्र।
सार: सुमेरियन धरती का आह्वान, प्रथम सभ्यता का विस्तार, और हम्मूराबी के न्याय की जयजयकार।

2. नील की धार, मिस्र का उपहार 16
(3100 BCE)
स्थान: उत्तरी अफ्रीका का मिस्र, नील नदी के किनारे।
सार: पिरामिडों की छांव में, देवताओं का अमर निवास और हायरोग्लिफ्स का रहस्यपूर्ण संसार।

3. सिंधु घाटी सभ्यता की महानता 19
(3300-1300 BCE)
स्थान: वर्तमान पाकिस्तान और उत्तर-पश्चिमी भारत।
सार: मोहनजोदड़ो और हड़प्पा की नगरी, जल निकासी और व्यापार का शिल्पकारी काव्य।

4. चीनी सभ्यता की शुरुवात 22
(1600-1046 BCE)
स्थान: यांग्ज़ी और पीली नदी के किनारे, चीन।
सार: शांग और झोउ के राज्य, कन्फ़्यूशियस की शिक्षाओं का प्रकथन।

5. यूनान की यशगाथा   25
    (800-300 BCE)

स्थान: वर्तमान ग्रीस।
सार: एथेंस का लोकतंत्र, दर्शन का स्वर, और ओलंपस के देवता।

6. माया और एज़्टेक का खगोलीय संग्राम   28
    (2000 BCE - 1500 CE)

स्थान: माया - मध्य अमेरिका (मेक्सिको, ग्वाटेमाला); एज़्टेक - मेक्सिको की घाटी।
सार: मंदिरों की माया, खगोल का विज्ञान, और जीवटता की शांति।

7. रोम की राहों पर इतिहास के पदचिह्न   30
    (753 BCE - 476 CE)

स्थान: वर्तमान इटली और पूरे यूरोप में फैलता साम्राज्य।
सार: कानून की धारा, ग्लैडिएटर की कथा, और रोम की शाश्वत ज्योति।

भाग 2: मध्यकालीन महायुग का संवाद (33-56)

8. बीजान्टिन की बालिस्ट्रा   36
    (330-1453 CE)

स्थान: वर्तमान तुर्की (कॉन्स्टेंटिनोपल)।
सार: कॉन्स्टेंटिनोपल की दीवारें, कला का उत्कर्ष और ईसाई ध्वजा का उच्चारण।

9. इस्लामी स्वर्ण युग का सन्देश   38
    (8वीं - 14वीं शताब्दी)

स्थान: बगदाद, दमिश्क, कॉर्डोबा (मध्य एशिया, उत्तरी अफ्रीका और स्पेन)।
सार: बगदाद का प्रकाश, चिकित्सा, गणित और कविताओं का आकाश।

10. यूरोप के अंधकारमय मध्ययुग की गूंज 41
(5वीं - 15वीं शताब्दी)
स्थान: यूरोप।
सार: सामंतों के महल, चर्च का प्रभुत्व और संतों की दिव्यता का अद्वितीय नृत्य।

11. तांग और सांग का सुवर्णित चीन 44
(618-1279 CE)
स्थान: चीन।
सार: कविता की कूची, रेशम का मार्ग, और बुद्ध का आशीर्वाद।

12. मंगोलों का गर्जन (13वीं शताब्दी) 47
स्थान: मंगोलिया और मध्य एशिया से लेकर यूरोप तक।
सार: चंगेज खान का रण, एशिया की आह, और युग परिवर्तन का स्वर।

13. जापान का समुराई युग 50
(12वीं - 19वीं शताब्दी)
स्थान: जापान।
सार: तलवार की धार, बौद्ध का ज्ञान, और समुराई की मर्यादा।

14. अफ्रीकी साम्राज्यों की अनसुनी गाथाएँ 53
(13वीं - 16वीं शताब्दी)
स्थान: माली साम्राज्य (पश्चिम अफ्रीका), तिम्बकटु।
सार: माली का वैभव, तिम्बकटु का साक्ष्य, और सांस्कृतिक आभा।

15. माया, एज़्टेक और इंका का अंतिम प्रणाम 56
(15वीं - 16वीं शताब्दी)
स्थान: इंका - पेरू, एज़्टेक - मेक्सिको की घाटी।
सार: अनदेखे नगर, सूर्य मंदिर, और शौर्य के आख्यान।

भाग 3: पुनर्जागरण से बीसवीं सदी (60-84)

16. पुनर्जागरण का पुनरुत्थान   62
   (14वीं - 17वीं शताब्दी)
स्थान: यूरोप।
सार: दा विंची की कल्पना, माइकल एंजेलो की छवि, और कला का अमर आश्रय।

17. वैश्विक खोजों का सपना   65
   (15वीं - 17वीं शताब्दी)
स्थान: यूरोप, अमेरिका, अफ्रीका, एशिया के समुद्री मार्ग।
सार: समंदर की सरहदें, नए विश्व का आगमन, और समुद्रपथ का उद्घोष।

18. औद्योगिक क्रांति का क्रंदन   68
   (18वीं - 19वीं शताब्दी)
स्थान: यूरोप, विशेष रूप से ब्रिटेन।
सार: मशीन का मान, श्रमिक का त्रास, और मानवता का नया संवाद।

19. औपनिवेशिक सम्राटों का साम्राज्य   72
   (16वीं - 20वीं शताब्दी)
स्थान: अफ्रीका, एशिया, अमेरिका।
सार: धरती का बंटवारा, सभ्यताओं का द्वंद्व, और स्वतंत्रता का प्रारंभ।

20. आधुनिक जापान का जागरण   76
   (1868-1912 CE)
स्थान: जापान।
सार: पश्चिम का संगम, मेइजी का युग, और नव जागृति का उत्सव।

21. महायुद्धों का दौर   80
(1914-1945 CE)
स्थान: विश्व भर में।
सार: विश्व का युद्ध, मानवता का प्रलय, और पुनः निर्माण का प्रण।

22. शीत युद्ध का सन्नाटा   84
(1947-1991 CE)
स्थान: अमेरिका और सोवियत संघ।
सार: विचारों का युद्ध, भूमंडल का विभाजन, और सहअस्तित्व का प्रयास।

भाग 4: वर्तमान युग की अनुगूंज   (87-106)

23. वैश्वीकरण और डिजिटल युग का जादू   89
(20वीं - 21वीं शताब्दी)
स्थान: संपूर्ण विश्व।
सार: इंटरनेट का जाल, संचार की क्रांति, और आधुनिक सभ्यता का नवजन्म।

24. एशिया का नवीन स्वप्न   93
(21वीं शताब्दी)
स्थान: एशिया, विशेष रूप से चीन और भारत।
सार: चीन का उदय, भारत का अभ्युदय, और तकनीकी की उड़ान।

25. कृत्रिम बुद्धिमत्ता का आगमन   97
(21वीं शताब्दी)
स्थान: वैश्विक।
सार: रोबोट की भाषा, डेटा का ज्ञान, और यंत्रमानव का युग।

26. पर्यावरण का अलाप　　　　　　　　　　100
　　　(21वीं शताब्दी)
स्थान: पृथ्वी का प्रत्येक कोना।
सार: जलवायु की पुकार, पर्यावरण का संरक्षण, और पृथ्वी का स्वप्न।

27. सांस्कृतिक वैश्वीकरण का संगम　　　　　103
　　　(21वीं शताब्दी)
स्थान: वैश्विक।
सार: वैश्विक भाषा, संस्कृतियों का मेल, और एकता का संगीत।

28. स्वास्थ्य और चिकित्सा का नया आयाम　　106
　　　(21वीं शताब्दी)
स्थान: वैश्विक।
सार: चिकित्सा का चमत्कार, जैव प्रौद्योगिकी का आविष्कार, और जीवन का नव प्रकाश।

समापन: काल की कथा का शाश्वत गान

29. कालचक्र का अमर गीत　　　　　　　　109
　　　(अनन्त समय)
स्थान: समय की असीम गहराइयों में।
सार: समय की गूंज, सभ्यताओं का संगीत, और अनन्तता का सुर।

मन की बात

प्रिय पाठकों,

"कालचक्र: कविताओं में विश्व की मुख्य सभ्यताएं" के माध्यम से मैं, आपको एक ऐसे यात्रा पर आमंत्रित करता हूँ जहाँ आप समय की अथाह गहराई में उतरते हैं और विविध संस्कृतियों व सभ्यताओं की अनमोल धरोहर को स्पर्श करते हैं। यह कविता संग्रह न केवल उन युगों का भावपूर्ण चित्रण है जिनमें मानवता ने अपने अस्तित्व को आकार दिया, बल्कि उस कालचक्र की भी अभिव्यक्ति है जो अनवरत घूमता रहता है, हमें प्रेरणा देता है और हमें चेताता भी है।

भाग 1: प्राचीन युग की महागाथा

इस भाग में हम उन प्रारंभिक सभ्यताओं की गाथा का अनुभव करते हैं, जिनकी आधारशिला पर विश्व की अनेक संस्कृतियां खड़ी हैं। मेसोपोटामिया की पवित्र मिट्टी, नील नदी का उर्वर उपहार, सिंधु घाटी की अद्भुत रचना, यूनान की बुद्धिमता, और माया व एज़्टेक की खगोलीय जिज्ञासा–ये सभी प्राचीन युग की अनमोल धरोहर हैं। इस भाग में कविताओं के माध्यम से उस सामंजस्य और संघर्ष को समझने का प्रयास है जिसने मानवता के प्रारंभिक पथ को आलोकित किया।

भाग 2: मध्यकालीन महायुग का संवाद

मध्यकालीन युग में सभ्यताओं के बीच संवाद का यह कालचक्र हमें बीजान्टिन साम्राज्य की सुरक्षात्मक शक्ति, इस्लामी स्वर्ण युग के विज्ञान व कला का विस्तार, यूरोप के अंधकारमय मध्ययुग, चीन के तांग व सांग साम्राज्य का उत्कर्ष, मंगोलों का अभूतपूर्व

सामरिक योगदान और जापान के समुराई युग की नैतिकता की ओर ले जाता है। इस भाग में इन मध्यकालीन युगों की विविधता और गहराई का आभास होता है। यहाँ हम इतिहास के उन पन्नों को छूते हैं, जहाँ न केवल महायुद्धों का गर्जन हुआ, बल्कि सांस्कृतिक एकता और नवाचार का भी विकास हुआ।

भाग 3: पुनर्जागरण से बीसवीं सदी तक

यह भाग पुनर्जागरण के उस आलोकित युग को समर्पित है, जिसने मानवता को एक नई दिशा और दृष्टि दी। वैश्विक खोजों का जोश, औद्योगिक क्रांति की चुनौती, और औपनिवेशिक साम्राज्य की विरासत–यह सभी आधुनिक युग की यात्रा का हिस्सा हैं। जापान के मेइजी युग का उत्कर्ष, महायुद्धों का विनाशकारी प्रभाव, शीत युद्ध की शांति में छिपी हुई खौफनाक असुरक्षा, और वैश्वीकरण का सम्मोहन–इन सभी कविताओं में उस संघर्ष और नवाचार की झलक मिलती है जिसने आधुनिक विश्व को आकार दिया है।

भाग 4: वर्तमान युग की अनुगूंज

वर्तमान युग में मानवता नई दिशाओं में अग्रसर हो रही है। कृत्रिम बुद्धिमत्ता का प्रादुर्भाव, पर्यावरण की चिंताएं, पूर्वी एशिया का उदय, सांस्कृतिक वैश्वीकरण का संगम, और स्वास्थ्य व चिकित्सा के क्षेत्र में नए आयाम–इन सभी विषयों का यह भाग एक संकेतक है, एक चेतावनी भी, कि कालचक्र की गति को समझकर हमें अपने भविष्य को दिशा देनी है। इस युग की कविताएं हमें वर्तमान युग की संभावनाओं और खतरों का आभास कराती हैं।

समापन: काल की कथा का शाश्वत गान

"कालचक्र का अमर गीत" से यह संग्रह अपनी पूर्णता को प्राप्त करता है। यह काल का वह अमर गीत है जो हमेशा से गूंजता रहा है और अनन्त काल तक गूंजता रहेगा। इस अंतिम कविता में मानवता के उस अनवरत संघर्ष और समर्पण की बात है जो काल के प्रत्येक चक्र में नवीनता और प्रगति की ज्योति जलाता है।

आभार प्रदर्शन

इस काव्य संग्रह के निर्माण में मेरी प्रेरणा वे महान संस्कृतियाँ और सभ्यताएँ रही हैं, जिन्होंने मानवता को अपने मूल्यवान योगदान से समृद्ध किया। मैं आभारी हूँ उन सभी लेखकों, इतिहासकारों, और शोधकर्ताओं का जिनकी रचनाओं ने मुझे इस यात्रा में मार्गदर्शन दिया। मेरा हृदय से धन्यवाद मेरे परिवार, मित्रों और सहकर्मियों विशेष रूप से विक्रांत तावेसकर को, जिन्होंने इस रचना के दौरान मुझे प्रोत्साहित किया और इसे अंजाम तक पहुंचाने में मेरी मदद की। यह संग्रह आप सभी पाठकों को समर्पित है जो कालचक्र की इस यात्रा में मेरे साथी बनेंगे।

आशा है कि इस काव्य संग्रह के माध्यम से आप भी समय के इस अनंत प्रवाह को महसूस करेंगे, और उससे प्रेरणा प्राप्त करेंगे।

सप्रेम,
डॉ. मुकेश अग्रवाल

भाग 1
प्राचीन युग की महागाथा

1. मेसोपोटामिया की मिट्टी की महिमा (3500 BCE)

सुमेरियन सभ्यता ने संसार को पहली बार सुसंगठित राज्य, लेखन और कृषि की नींव दी। हम्मूराबी के न्याय संहिता ने दुनिया में कानून और न्याय की पहली मजबूत प्रणाली स्थापित की। इस सभ्यता का योगदान मानवता के सामाजिक, आर्थिक और कानूनी ढांचे की नींव रखने में था।

2. नील की धार, मिस्र का उपहार (3100 BCE)

मिस्र की सभ्यता नील नदी के किनारे पनपी, जहां पिरामिडों और मंदिरों के बीच देवताओं की उपासना की जाती थी। हायरोग्लिफ्स (चित्रलेखन) के माध्यम से लिखी गई मिस्र की गाथाएँ, इसके धार्मिक विश्वासों और वैज्ञानिक दृष्टिकोण को दर्शाती हैं। देवताओं का निवास और मृत्यु के बाद का जीवन मिस्र के विश्वासों का आधार थे।

3. सिंधु घाटी सभ्यता की महानता (3300-1300 BCE)

सिंधु घाटी की सभ्यता, जिसमें मोहनजोदड़ो और हड़प्पा जैसे महान नगर शामिल थे, ने जल निकासी, स्थापत्य कला, और व्यापार के उच्चतम मानक स्थापित किए। इसकी संस्कृति ने सामाजिक सुव्यवस्था और शहरी जीवन के साथ-साथ जल प्रबंधन को भी परिष्कृत किया।

4. चीनी सभ्यता की शुरुवात (1600-1046 BCE)

शांग और झोउ राजवंशों ने चीन की राजनीतिक और सांस्कृतिक नींव रखी। कन्फ़्यूशियस ने जीवन और समाज के बारे में गहरे

दर्शन दिए, जिनमें नैतिकता, न्याय, और शांति की महत्वपूर्ण शिक्षाएँ थीं, जो आज भी चीनी समाज का हिस्सा हैं।

5. यूनान की यशगाथा (800-300 BCE)

यूनान ने लोकतंत्र का जन्म किया, विशेष रूप से एथेंस में, जहां नागरिकों को शासन में भागीदारी का अधिकार मिला। यहाँ के दार्शनिक जैसे सुकरात, प्लेटो और अरस्तू ने मानवता को विचार, नैतिकता, और अस्तित्व के प्रश्नों पर गहरे दृष्टिकोण दिए। ओलंपस के देवता यूनान की धार्मिक और सांस्कृतिक धारा का प्रमुख हिस्सा थे।

6. माया और एज़्टेक का खगोलीय संग्राम (2000 BCE - 1500 CE)

माया और एज़्टेक सभ्यताओं ने खगोलशास्त्र और समय की परिभाषा में अद्वितीय योगदान दिया। उनके मंदिरों और खगोलीय अनुसंधान ने उन्हें जीवन और मृत्यु के बीच एक गहरे संबंध को समझने में मदद की। उनकी सभ्यता में आस्था और विज्ञान का समागम था, जो उनके धार्मिक विश्वासों और जीवनशैली में गहराई से समाहित था।

7. रोम की राहों पर इतिहास के पदचिह्न (753 BCE - 476 CE)

रोम ने कानून और राजनीति की धारा को नए रूप में ढाला। उसकी महानता केवल उसकी सेनाओं और साम्राज्य में नहीं थी, बल्कि उसके लोकतांत्रिक सिद्धांतों, ग्लैडिएटरों की कथा, और कला में छुपी शाश्वत ज्योति में भी थी। रोम की न्याय व्यवस्था, इसके संघर्ष और शौर्य की कहानियाँ आज भी मानवता को मार्गदर्शन देती हैं।

मेसोपोटामिया की मिट्टी की महिमा

यह वह मिट्टी है,
जहाँ बहती थीं दजला और फरात की धाराएँ,
जहाँ अंकुरित हुआ था सभ्यता का पहला बीज।
सुमेरियों की धूल भरी गलियों में,
गूँजती थी जीवन की अनसुनी धुनें,
प्रथम अक्षर, प्रथम शब्द, प्रथम मंत्रों का मधुर संगीत।

यहाँ जन्मी एक कथा,
नदियों के किनारों पर बनी पहली बस्तियाँ,
और गगनचुम्बी जिगुरात,
जो आकाश से संवाद करते थे।
मिट्टी की ईंटों में ढलीं आकांक्षाएँ,
जो आज भी जीवित हैं उस पवन के झोंकों में,
जिनमें गूँजती है उस धरती की गाथा।

हम्मूराबी, न्याय का पुजारी,
उसने लिखे थे पत्थरों पर अपने शब्द,
हर पत्थर जैसे सत्य का प्रकाश।
वह समय, जब न्याय की धारा बनी,
जहाँ राजा और रंक का भेद पिघला,
हम्मूराबी के विधान से,
हर जन को मिला अपना हिस्सा, अपनी पहचान।

मिट्टी की महिमा, वह केवल धूल नहीं,
यहाँ की मिट्टी है साक्षी,
मानव की पहली उड़ान की,
प्रथम नगरों, प्रथम मंदिरों, प्रथम शब्दों की।
यह मिट्टी देख चुकी है वह समय,

जब मनुष्य ने उठाई पहली कलम,
जब लिपिबद्ध किए गए सपने और न्याय।

सुमेरियों का आह्वान,
उनके देवता, उनके रीतिरिवाज़,
उनकी खामोशियाँ जो अब भी गूँजती हैं,
हर कण में, हर धूल की परत में,
उनके मंदिरों के खंडहरों में बसी है वो आवाज़,
जो कहती है – यह सभ्यता, यह मिट्टी,
अमर है, अनंत है, काल के चक्र में भी अडिग।

आज भी कोई न कोई शब्द,
उस पुरानी भाषा में फुसफुसाता है,
दजला और फरात की लहरों पर बहता हुआ।
कभी सुनो तो लगेगा,
जैसे वह धरती हमें पुकार रही हो,
समय की परतों के पार से,
मानवता की उस यात्रा की ओर,
जो यहाँ से आरम्भ हुई थी –
मेसोपोटामिया की महान धरती से।

सभ्यता के इस महागाथा में,
मिट्टी की महिमा अडिग है,
वह मिट्टी, जिसने पहली बार सपनों को आकार दिया,
जो आज भी अपनी मौन गहराई में
सभ्यता की अनकही कहानियाँ संजोए है।

नील की धार, मिस्र का उपहार

नील, तुम्हारी जलधारा में बहता है जीवन,
प्राचीनता का वह असीम विस्तार,
जिसने मिस्र की धरती को चूमा,
और हरियाली की चादर ओढ़ा दी।
तुम्हारे किनारे उभरे वे अटल पिरामिड,
जिनकी छांव में आज भी सदियों का समय थमा है,
और जिनके पत्थरों में बसी है अमरता की खोज।

तुम्हारे तटों पर जन्मी सभ्यता,
जहाँ देवताओं का घर बसाया गया,
रात के अंधेरों में झिलमिलाते थे दीपक,
जिनकी रोशनी में गढ़ी गईं अनगिनत कहानियाँ।
रहस्य और आध्यात्म का संगम,
हर मंदिर, हर समाधि, हर खंडहर,
अपने भीतर समेटे हुए है
मानव की आत्मा का वह शाश्वत सत्य।

पिरामिड, पत्थरों की वो चमत्कारी संरचनाएँ,
जिनकी ऊँचाइयों में गूंजते हैं प्राचीन मंत्र,
जिनकी आधारशिलाओं में छिपा है विज्ञान,
जो चुनौती देता है समय की सीमाओं को।
जिनके भीतर सोए हुए हैं राजा और रानी,
और जिनके साथ दबे हैं राज,
जो हायरोग्लिफ्स की लिखावट में लिपटे हैं।

हायरोग्लिफ्स, वह चित्रमय भाषा,
जिसके हर अंक, हर रेखा,
बयाँ करती है एक गहरी कथा,
रहस्यमयी संसार का आह्वान।
वे चित्र, जो सरल नहीं,
पर अनगिनत अर्थों को समेटे हुए हैं,
जिन्हें पढ़ने की चाह में अनेक ने समय बिताया,
पर वे अर्थ, अब भी अनसुलझे,
अपने भीतर समेटे हुए एक गूढ़ संदेश।

मिस्र के मंदिरों में बसी है शांति,
वह शांति जो अमरता की ओर इंगित करती है,
देवताओं के संग गूंजते मंत्रों का संगीत,
जो समय की धारा में भी अटल है।
फराहों की वंशावली,
जो पत्थरों में अमर हो गई,
उनकी सजीव मूर्तियाँ, उनके गौरव की गाथा,
जिन्होंने मृत्यु को भी मात देने का प्रण लिया।

नील की धार, तुम साक्षी हो,
उस भूमि की, जहाँ मनुष्य ने खोजा अपना स्वर्णिम युग,
तुम्हारी लहरों में बहती है वह यादें,
जो कभी नहीं मिटेंगी।
तुम्हारे तट पर गढ़े गए मंदिर और मठ,
आज भी जीवित हैं,
जैसे वे देवता जो यहाँ अमर हुए,
मानवता को एक संदेश देने के लिए।

यह मिस्र, यह पिरामिडों की छांव,
यहाँ समय रुक गया है,
और अमरता के वो प्रतीक,
अब भी सिर उठाए खड़े हैं,
जैसे वह धरोहर, जो नील का उपहार है,
जो सदियों से हमें जीवन का रहस्य सिखा रहा है,
और हमारे भीतर गूंजता है एक कालजयी संदेश –
जीवन, मृत्यु, और पुनर्जन्म का चक्र।

सिंधु घाटी सभ्यता की महानता

यहाँ, इस धूल भरी मिट्टी के नीचे,
सिंधु घाटी की वो शांत नगरी सोई है,
जहाँ हर गली, हर ईंट,
एक बसी बसाई दुनिया की कहानी कहती है।
मोहनजोदड़ो और हड़प्पा की वो प्राचीन भूमि,
जहाँ सभ्यता ने अपने हाथ फैलाए,
और मानवता ने सीखा
विकास का पहला पाठ।

जल निकासी की वह अद्भुत कला,
जो आज भी विस्मय में डालती है,
उनकी गलियों में बहते थे स्वच्छ जल की नदियाँ,
एक सजीव प्रवाह, जो जोड़ता था हर घर,
हर आँगन, हर आंगन का कोना।
मिट्टी के उन पाइपों में बहती थी
सभ्यता की समझ, प्रकृति की परख,
और मानव की उस सूझबूझ का प्रमाण,
जो हजारों साल आगे बढ़कर भी
आज भी विस्मित करती है।

यहाँ के लोग, व्यापारी थे,
व्यापार का एक अनूठा काव्य लिखा था उन्होंने,
जो धूल और मिट्टी के पार
अजंता-एलोरा की तरह कहीं खो गया।
ताम्बा, सोना, और मूर्तियाँ,

यहाँ के बाज़ारों में चमकती थीं,
उनकी कारीगरी में बसा था कौशल,
जो शब्दों में नहीं,
मिट्टी की मूर्तियों, खिलौनों, और मुहरों में बोलता था।

हड़प्पा की उन गलियों में गूंजते थे कदम,
न केवल मनुष्यों के,
बल्कि उनके सपनों के, उनकी आकांक्षाओं के,
जो रचते थे एक सजीव शहर,
उनके घर, उनके बाग, उनके बाजार,
जिनमें बसती थी वह खुशबू
जो आज भी इस पुरानी मिट्टी में महकती है।

मोहनजोदड़ो के स्नानागार,
वह जल का अनोखा मंदिर,
जहाँ जीवन ने पाया था एक अनूठा अर्थ।
जल, जो उनके लिए केवल जल नहीं था,
बल्कि शुद्धता का प्रतीक था,
उनकी संस्कृति, उनकी परंपरा का जीवित चिन्ह,
जो उनकी मिट्टी में समाया था,
मानवता की एक सजीव नब्ज़ की तरह।

इस भूमि पर उभरीं वे मुहरें,
हाथों से तराशी गईं,
हर रेखा, हर प्रतीक, हर अंकन,
एक रहस्य, एक संवाद,
जो कभी पढ़ा नहीं गया,

परन्तु उनकी आत्मा को छूता है।
वृषभ की छवि, वृक्ष की लहरियाँ,
एक ऐसी भाषा जो अब मौन है,
लेकिन उसके भीतर छुपा है
सभ्यता का पहला शिल्पकारी काव्य।

यह सिंधु घाटी, एक स्वप्न,
जो हजारों वर्षों के बाद भी जीवित है,
हमारी यादों में, हमारी परछाइयों में,
उस हर जगह, जहाँ मानव ने रचा है कुछ अद्भुत।
उसकी गलियों में छुपे हैं वो राज,
जो केवल समय के चक्र में खो गए,
और अब रह गए हैं उस मिट्टी की गहराई में,
जो हमें बताती है –
यह सभ्यता केवल एक कहानी नहीं,
बल्कि एक जीवित स्वप्न है,
जो हमें आज भी सिखाता है,
सम्पूर्णता का, सरलता का,
और उस जुड़ाव का अर्थ,
जो नदियों, मिट्टी, और इंसानों के बीच होता है।

चीनी सभ्यता की शुरुवात

इस धरती के पूर्वी छोर पर,
उदित होता था हर दिन एक नया सूर्य,
जो शांग और झोउ की नगरी पर छाया डालता,
जहाँ समय की गति ने आकार दिया
संस्कृति का वह अनमोल मोती,
जो अब भी चमकता है सदियों के पार।

शांग के वीर योद्धा,
जिनके रक्त की लहरें उफनती थीं युध्द के मैदानों में,
उनकी धमनियों में बसा था एक जुनून,
जो काव्य और कला में ढलता गया।
कांस्य की वह अद्भुत कारीगरी,
उनके हाथों का जादू, उनकी रचनाओं में समाया
जैसे पत्थरों में समाया हुआ एक गहरा रहस्य।
उनके नगरों में बजती थी नाद की गूंज,
जो मंत्रों से भरी, देवताओं की प्रार्थनाओं में लिपटी,
वह शांग का काल, एक विराट इतिहास का अध्याय।

झोउ के वंश ने इस महानता को आगे बढ़ाया,
सदियों के उस पुल पर पांव रखकर,
जो समय को जोड़ता था भविष्य की ओर।
उनके शासकों के आदर्श,
वह नियम, वह नीति, वह अनुशासन
जो एक शांति और संतुलन का पाठ सिखाता।
उनकी सभ्यता में था एक संतुलित संसार,

जैसे किसी जादू से बना एक ऐसा गढ़,
जहाँ प्रकृति और मानव की एक अटल युति थी।

फिर आए कन्फ़्यूशियस,
जिनकी वाणी में झलकती थी सत्य की वह किरण,
जो सीधे हृदय को भेदती,
जैसे एक सर्द हवा मन को शांत कर दे।
उनके शब्द,
सादगी और सदाचार का एक अनंत सूत्र,
हर मनुष्य के भीतर बोया गया एक बीज,
जो आदर्श, कर्तव्य और प्रेम का प्रतिरूप है।
उन्होंने सिखाया कि जीवन केवल भौतिक नहीं,
बल्कि एक मर्म है, एक आचरण है,
जो प्रत्येक संबंध को अर्थ देता है,
जो हर क्रिया में सौम्यता का स्पर्श भरता है।

शांग और झोउ की यह अमर महागाथा,
जो न केवल एक राज्य की कहानी है,
बल्कि एक जीवनदर्शन है,
हर युग, हर समय के लिए।
उनके मंदिर, उनके लेख, उनके आदर्श,
वे सब हमारे भीतर बसे हैं,
उनकी कविताएँ, उनके विचार,
आज भी हमारे मन को संतुलन देते हैं।

प्राचीन चीन की यह गाथा,
उस गूढ़ और गहन अतीत का जीवंत प्रतिबिम्ब है,

जो हमारी आत्मा को छूता है।
वह सभ्यता, वह महानता, वह चेतना,
जो न केवल इतिहास में सीमित है,
बल्कि वह असीम आकाश में फैली,
हर उस मनुष्य के भीतर जागती है,
जो सच्चाई, कर्तव्य और प्रेम को समझता है।

यूनान की यशगाथा

वह समय, जब भूमध्य की लहरें
एथेंस के तट से टकरातीं,
उनकी गूंज में उठता था एक नया स्वर,
स्वतंत्रता का, विवेक का,
वह स्वर, जिसने गढ़ा था
एथेंस का लोकतंत्र।

जहाँ हर नागरिक की आवाज़ में
बसी थी एक अदृश्य शक्ति,
और हर सभा में उठते थे सवाल,
सोच की गहराई में डूबी हुई बातें,
जिनमें भविष्य के बीज अंकुरित होते।
हर निर्णय, हर विचार,
एक सामूहिक धड़कन का हिस्सा,
जो लोकतंत्र की वह अमर नींव बना,
जो अब भी गूंजती है सदियों के पार।

वहीं, एथेंस की गलियों में चलते हुए,
दर्शन का एक शांति भरा आलोक फैला था।
सुकरात, प्लेटो और अरस्तू की वाणी,
एक खोज थी सत्य की,
जीवन के मर्म की,
हर सवाल में छुपा था एक नया उत्तर,
हर उत्तर में छुपी थी एक नई यात्रा।
वे कक्षाएँ, वे संवाद,

जहाँ शब्दों ने खोजा था आत्मा का मार्ग,
और ज्ञान ने पाया था अनंत विस्तार।

ओलंपस के देवता,
उनकी गाथाएँ, उनकी शक्ति,
मानव के हर भाव, हर आकांक्षा का प्रतिबिंब,
ज़्यूस की बिजली, एथेना की बुद्धि,
अफ्रोडाइट का प्रेम, और अपोलो का संगीत।
वे केवल देवता नहीं थे,
बल्कि मानवता की कल्पना का वो आकाश थे,
जहाँ अच्छाई, बुराई, प्रेम, और युद्ध
सभी एक साथ बसते थे।
उन कहानियों में जीता था मानव मन,
और हर पात्र में झलकता था एक जीवन का सत्य।

ओलंपिया की धरा पर,
जहाँ ओलंपिक खेलों की चिंगारी उठी,
वह मात्र प्रतिस्पर्धा नहीं थी,
बल्कि एक उत्सव था,
शरीर और आत्मा के सामंजस्य का,
उस शक्ति और शौर्य का,
जो हर युग में प्रेरणा का स्त्रोत बने।
ओलंपिक के वे पहले पद,
मानवता का वह उत्सव,
जिसमें हर देश, हर सीमा की दीवारें टूट जातीं।

यूनान की यह यशगाथा,

सिर्फ इतिहास का पन्ना नहीं,
बल्कि मानव की अनंत यात्रा है,
सोच, स्वतंत्रता, और संकल्प की कथा,
जो हमारे भीतर बसे आदर्शों को
आज भी जागृत करती है।
एथेंस के लोकतंत्र से लेकर
ओलंपस के देवताओं तक,
यूनान की भूमि पर अंकित हर कथा,
मानवता की आत्मा का वह गीत है,
जो सदा गूंजता रहेगा।

माया और एज़्टेक का खगोलीय संग्राम

उन घने जंगलों की छांव में,
जहाँ छुपे थे पत्थरों के विशाल मंदिर,
वहाँ गूंजती थी माया सभ्यता की धड़कन,
उनकी आँखें उठी थीं आकाश की ओर,
जहाँ तारे और ग्रह,
जैसे संवाद करते थे किसी अदृश्य भाषा में।

माया के पुरोहित,
जो हर ग्रहण, हर तारे की चाल में
पढ़ लेते थे भविष्य की बातें,
उनके हाथों में थे उन कालचक्रों के रहस्य
जो केवल समय की परिधि को नहीं,
बल्कि आत्मा के गहरे रहस्यों को मापते थे।
उनकी गणना, उनकी गणित,
हर दिन, हर रात को संजोकर रखती थी,
जैसे सृष्टि का हर क्षण था एक पवित्र मन्त्र,
जो जीवन की हर धड़कन में गूंजता।

फिर थे एज़्टेक,
जो जीते थे ज्वालामुखी की छाया में,
धरती की आग और आकाश के जल के बीच,
उनके वीर योद्धा और उनके अनंत मंदिर,
जहाँ बलिदान की धारा बहती थी,
एक अनोखे संग्राम की गूंज,
जो जीवन और मृत्यु का सम्मान करते थे।
वे कहते थे कि सूरज चलता है
क्योंकि हम उसे प्राण देते हैं,
हमारी आहुतियों में ही उसकी शक्ति है।

उनका हर पर्व, हर यज्ञ
सृष्टि का आभार व्यक्त करता,
जैसे हर जीवन एक ऋण हो,
जो चुकाना आवश्यक था।

माया की मृदु शांति,
एज़्टेक की धधकती जीवटता,
इन दोनों का यह खगोलीय संग्राम,
ना युद्ध था, ना विजय की चाह,
बल्कि एक संतुलन, एक संवाद,
जो मनुष्य और प्रकृति के बीच का था।
उनकी कृतियाँ, उनकी किवदंतियाँ,
आज भी जीवित हैं पत्थरों में,
उन मंदिरों के स्तम्भों में,
जिन पर अंकित हैं ब्रह्मांड के गूढ़ रहस्य।

उनकी आँखों में बसे सपने,
जो तारों की छांव में पलते थे,
उनकी आत्माएँ,
जो हर दिन के सूर्यास्त में विलीन होतीं,
उनकी गणनाओं में संचित वह ज्ञान,
जो समय की सीमाओं से परे था।
उनका खगोल, उनका विज्ञान,
उनकी आस्थाएँ, उनकी प्रथाएँ,
वो सब आज भी हमारे बीच बसी हैं,
जैसे जीवन और मृत्यु का एक अदृश्य संग्राम,
जो शांति की उस अनंत खोज में संलग्न है।

रोम की राहों पर इतिहास के पदचिह्न

वह समय था, जब रोम की मिट्टी में बसी थी
इतिहास की पहली गूंज।
संस्कार और शक्ति के बीच एक नृत्य,
जहाँ नीति और धैर्य का संयोजन था।
हर पत्थर, हर सड़क,
जो रोम की राहों में नज़र आती,
अपने आप में एक कहानी समेटे थी–
कानून की धारा, न्याय की स्थायी परिभाषा।

संविधान का वह शिलालेख,
जिसमें प्रतिज्ञाएँ लिखी थीं
स्वतंत्रता, समानता, और सम्मान की।
संविधान के हर शब्द में बसी थी एक शक्ति,
जो विधि का पालन करती,
और हर नागरिक को दी जाती थी एक जगह।
रोम का कानून,
जो न केवल राज्य के भीतर,
बल्कि हर व्यक्ति के दिल में बसा था,
एक अमिट धारा की तरह बहता था,
जो कभी थमता नहीं था,
कभी टकराता नहीं था,
बस चलता रहता था, जैसे समय का अंतहीन चक्र।

फिर, ग्लैडिएटर की कथा–
यह एक अजीब सा युद्ध था,

जहाँ जीवन और मृत्यु का परिभाषा बदलता था।
संगीनों के बीच बहती थी एक अलग ही हवा,
रोम की जनसभा में रोमांच था,
लेकिन हर लहू की बूँद,
हर बहता खून एक सवाल छोड़ जाता था।
क्या यह जीवन का खेल था?
या सम्राट की शक्ति का प्रदर्शन?
ग्लैडिएटर, जिनकी आँखों में आग थी,
जो मैदान में मौत से लड़ते थे,
और वे नायक बन जाते थे,
जिनकी कहानी कभी खत्म नहीं होती।
उनकी शौर्य गाथाएँ,
आज भी रोम की वीरता का प्रतीक हैं,
जहाँ आत्मा का संघर्ष
जीवन और मृत्यु की सीमाओं से परे था।

लेकिन रोम की शाश्वत ज्योति,
जो समय की चुप्प से जूझते हुए जलती थी,
वह केवल उसकी सेनाओं या उसकी राजनीति में नहीं बसी थी,
वह हर कलाकृति में,
हर वास्तु में,
हर विचार में,
हर सभ्यता में बसती थी।
कला की, विचारों की, और विज्ञान की वह धारा,
जिसने सम्राटों से लेकर साधारण नागरिकों तक
हर व्यक्ति को जीने की कला सिखाई।

रोम, एक ऐसा नगर था,
जहाँ आस्थाएँ, संघर्ष, और विजय
सभी एक साथ बसी थीं,
जैसे एक नदी में बहते हों अनेकों जलधाराएँ।
यह नगर सम्राटों से भरा था,
लेकिन हर कदम में उसकी आत्मा थी–
साहस की, न्याय की, और समय के उस संघर्ष की,
जो हमेशा, हर युग में जीवित रहेगा।

वह रोम की राहें,
जो अब इतिहास के पन्नों में बसी हैं,
कभी उनकी शाश्वत ज्योति को टटोलतीं,
जो आज भी हमें अपने भीतर की शक्ति का अहसास कराती हैं।
रोम, जहाँ हर कदम इतिहास था,
और हर इतिहास में,
रोम की आत्मा अमर रहती है।

भाग 2
मध्यकालीन महायुग का संवाद

बीजान्टिन की बालिस्ट्रा (330-1453 CE)
कॉन्स्टेंटिनोपल (आधुनिक इस्तांबुल) की भव्य दीवारों ने शहर को बाहरी आक्रमणों से बचाया। बीजान्टिन साम्राज्य में कला और वास्तुकला का उत्कर्ष हुआ, जिसमें मोज़ेक कला और चर्चों की भव्यता प्रमुख थी। ईसाई धर्म का प्रसार और पैट्रिआर्कों की सत्ता ने यूरोप और एशिया के मध्य सेतु का काम किया।

इस्लामी स्वर्ण युग का सन्देश (8वीं - 14वीं शताब्दी)
बगदाद के अब्बासिद खलीफों के तहत इस्लामी स्वर्ण युग में विज्ञान, गणित, चिकित्सा और साहित्य में अद्वितीय प्रगति हुई। 'एल-होज़ा' और 'बेट अल-हिकमा' जैसे संस्थानों में ज्ञान का प्रसार हुआ। अरबी कविता और दर्शन ने दुनिया को नया दृष्टिकोण दिया।

यूरोप के अंधकारमय मध्ययुग की गूंज (5वीं - 15वीं शताब्दी)
यूरोप का मध्ययुग चर्च और सामंती व्यवस्था का प्रभुत्व था। धर्म का राज था, और संतों की जीवनशैली और कार्यकुशलता के उदाहरण लोगों के जीवन को दिशा देते थे। सामंती महलों और चर्चों में वैभव की गूंज थी, जबकि अधिकांश लोग अंधकारमय जीवन जी रहे थे।

तांग और सांग का सुवर्णित चीन (618-1279 CE)

चीन के तांग और सांग साम्राज्य में कला, साहित्य, और विज्ञान का अभूतपूर्व विकास हुआ। तांग काल में काव्य और साहित्य की रचनाएँ अत्यधिक लोकप्रिय हुईं। रेशम मार्ग के माध्यम से व्यापार और सांस्कृतिक आदान-प्रदान हुआ, और बौद्ध धर्म ने चीन में गहरी छाप छोड़ी।

मंगोलों का गर्जन (13वीं शताब्दी)

चंगेज खान का साम्राज्य फैलते हुए एशिया और यूरोप तक पहुंचा। मंगोलों का युद्धकालीन प्रभाव और उनके द्वारा फैलाए गए व्यापारिक मार्गों ने पूरी दुनिया को प्रभावित किया। मंगोलों ने जनसंख्या में गिरावट और भूमि पर पुनः संरचना की योजना बनाई।

जापान का समुराई युग (12वीं - 19वीं शताब्दी)

समुराई योद्धाओं ने जापान में संस्कृति और शासन पर गहरा प्रभाव डाला। उनके कर्तव्य, साहस और आचारधर्म को जीवन का मुख्य उद्देश्य माना जाता था। बौद्ध धर्म ने समुराई की विचारधारा को प्रभावित किया और जापान की पहचान को नया आकार दिया।

अफ्रीकी साम्राज्यों की अनसुनी गाथाएँ (13वीं - 16वीं शताब्दी)

माली, घाना और सोंगहे साम्राज्य अफ्रीका के प्रमुख साम्राज्य थे, जिनमें माली का वैभव और तिम्बकटु का ज्ञान केंद्र महत्वपूर्ण था। इन साम्राज्यों ने व्यापार, संस्कृति और शिक्षा के माध्यम से अफ्रीका के इतिहास को समृद्ध किया।

माया, एज़्टेक और इंका का अंतिम प्रणाम (15वीं - 16वीं शताब्दी)

माया, एज़्टेक और इंका सभ्यताएँ अपनी जटिल खगोलशास्त्र, वास्तुकला और धर्मिक परंपराओं के लिए प्रसिद्ध थीं। इन सभ्यताओं के सूर्य मंदिर और शौर्य की कहानियाँ आज भी इतिहास का महत्वपूर्ण हिस्सा हैं। इनका अंत यूरोपीय उपनिवेशवाद द्वारा हुआ।

बीजान्टिन की बालिस्ट्रा

कांस्टेंटिनोपल की दीवारों पर उभरते पत्थरों का शोर,
हर पत्थर एक कहानी कहता, एक युग का संकेत देता।
जहाँ किले की ऊँचाई से गिरता समय,
जैसे ढहते हुए पर्वत, फिर भी अडिग, स्थिर, सजीव।

यहाँ दीवारें थीं सिर्फ़ सुरक्षा नहीं,
वे थीं ध्वनि का प्रतिबिम्ब, सत्ता का उद्घोष,
एक साम्राज्य का सौन्दर्य, जिसमें उभरे ईसाई ध्वज का श्वास,
जैसे प्राचीन इतिहास का अनुग्रह, जैसे एक प्रार्थना का ऊर्ध्वगामी स्वप्न।

सजीव बालिस्ट्रा के संग,
जब कारीगरों ने थामी कला की अनकही छवि,
दीवारें बनीं कैनवास, जिन पर उकेरी गईं सदियों की छवियाँ,
चमचमाते कांच में बसी ईश्वर की छवि,
चमकती सुनहरी मोज़ाइक में हर प्रतिध्वनि।

कभी वेदी पर झुके पुजारियों के गीत,
कभी युद्ध का ऊँचा उद्घोष,
कभी नक्षत्रों से छूटते तीर की गति,
और कभी विश्वास का शीतल स्पर्श,
इन पत्थरों में मिला था सब कुछ–
सत्य और स्वप्न, विजय और पराजय, शौर्य और सहनशीलता।

ईसाई ध्वजा के रंग में रंगे चिह्न,

हवा में बहते जैसे आत्मा का स्वर,
फहराती हर लहर में, जैसे कोई प्राचीन कथा,
जैसे एक अनंत प्रश्न–
क्या मनुष्य का युग इस दीवार के परे भी है,
या यहीं समाप्त होती है सभ्यता की अंतिम साँस?

यह कला का उत्कर्ष था या मस्तक का झुकाव?
हर बिखरे पत्थर ने जोड़ा एक आकाश,
सजीव थी वह दीवार, जैसे कोई इतिहास का प्रहरी,
उसने देखी थी सदियाँ गुजरती, समय के तेज बहाव में बहती।

बीजान्टिन की बालिस्ट्रा के तीर जैसे संकेत–
कि मनुष्य की माटी, उसकी कला,
सिर्फ उसकी नहीं, युगों का अर्पण है,
एक अनजानी दीवार के पार के स्वप्न का आह्वान,
एक भविष्य का समर्पण,
जिसे कोई समय की परिधि कभी रोक नहीं सकी।

यहाँ ईसाई ध्वज का उच्चारण केवल एक प्रतीक नहीं था,
बल्कि एक प्रश्नचिह्न, एक स्मरण,
कि दीवारें केवल रुकावटें नहीं होतीं,
वे कभी-कभी सभ्यता की नयी दिशाओं की ओर मार्गदर्शक भी होती हैं।

बगदाद का प्रकाश

यह बगदाद का समय है–
रात के अंधकार में, ज्ञान के दीप जलते हैं यहाँ,
पृष्ठों पर बिखरती स्याही, और शब्दों में चमकता है प्रकाश,
एक ऐसा आकाश, जिसमें तारे नहीं,
ज्ञान के दीपक हैं, चमकते, चिर स्थिर।

यहाँ हवा में घुली हैं दवाओं की सुगंध,
हर जड़ी-बूटी का नाम, हर नब्ज़ का भेद,
विज्ञान का स्पर्श, और चिकित्सा का आह्वान,
जो दर्द को समझता है, और उसे मिटाता भी है।

खलीफा की लाइब्रेरी में बसा है
गणित का संजीवनी मंत्र,
संख्याओं का संवाद,
रेखाओं का खेल,
हर अंकों में छुपा है एक शास्त्र,
एक ब्रह्मांड, जो अनदेखा था–अब उजागर है,
जैसे किसी रहस्यमयी दरवाज़े की पहली झलक।

ज्योमेट्री की आकृतियाँ बनती हैं यहाँ,
शून्य के साथ एक नयी कथा का आरम्भ,
कि शून्य केवल खालीपन नहीं,
वह है सृजन की गहरी गोद,
वह है प्रारम्भ, जहां से सारे रास्ते निकलते हैं।

और फिर कविताएँ–
वे बहती हैं फ़ुरात के किनारे,
प्रेम, प्रकृति और रहस्य की गहराइयों में उतरती,
जैसे किसी अनकही प्यास का सुरूर,
हर शब्द में छुपा एक सपना,
हर पंक्ति में बसा एक आकाश,
कभी अल्लाह की महिमा, कभी मानवता का गीत।

ये सिर्फ़ शब्द नहीं,
ये एक युग का सन्देश हैं,
हर काग़ज़ का टुकड़ा है यहाँ एक पुल,
जो काल की सीमाओं को लांघता है,
पूर्व से पश्चिम तक,
प्रकाश फैलता है,
जैसे ज्ञान की कोई नदी, जो अनंत दिशाओं में बहती है।

ये बगदाद के शिक्षक, विद्वान, और कारीगर–
हर कोई एक मशाल की तरह,
अंधेरों से लड़ता हुआ,
कि हर सवाल का जवाब कहीं न कहीं है,
हर रहस्य की एक कुंजी है,
और हर बीमारी का इलाज भी।

ये इमारतें, ये गलियाँ, ये बाज़ार,
जैसे कोई जीवित ग्रंथ हों,
जो चुपचाप पढ़ते जाते हैं समय की कहानी,
हर पत्थर, हर मोड़, हर द्वार,

अपने भीतर समेटे हुए एक सभ्यता का स्वप्न,
जिसे किसी तलवार की धार से काटा नहीं जा सकता।

यह इस्लामी स्वर्ण युग का सन्देश है,
कि ज्ञान सीमाओं का मोहताज नहीं,
कि कविता, गणित और चिकित्सा का आकाश–
यह सबका है,
यह युग का नहीं,
यह मानवता का अधिकार है।

बगदाद का यह प्रकाश,
केवल एक शहर की गाथा नहीं,
यह है वह दीप,
जो जलता है हर उस दिल में
जो ज्ञान की राह पर निकलता है–
एक अनंत यात्रा का अनंत प्रकाश।

अंधकारमय मध्ययुग की गूंज

यह यूरोप का समय है,
अंधकार की गहराइयों में लिपटा,
सामंतों के महलों में गूंजता है खड़गों का स्वर,
और घोड़ों की टापों में उठती धूल,
मानो हर दिशा में युद्ध की ललकार हो,
हर किले का पत्थर युद्ध और साम्राज्य की गाथा कहता।

इन महलों में, जहाँ सत्ता की हर सांस रुक-रुककर चलती है,
सामंतों के अधिकारों की परछाइयाँ लम्बी होती जाती हैं,
प्रजा झुकी हुई, मौन जैसे समय के बंधनों में बंधी,
हर खेत, हर गली, हर दरवाज़ा–
सामंती नियमों के अधीन,
एक कड़ा अनुशासन, एक दबी हुई चीख़,
जो कभी-कभी हवा के संग बह निकलती है,
पर फिर दब जाती है किसी ताले में जकड़ी हुई।

और फिर चर्च का प्रभुत्व,
दीवारों पर चढ़ी पवित्रता की परत,
जहाँ ईश्वर की छवि में घुलता है भय और श्रद्धा का मिश्रण,
हर वेदी, हर घंटी, हर प्रार्थना–
जैसे मनुष्यता की पुकार को शांति का घूँट पिलाया गया हो,
कि जो सत्य है, वह केवल ईश्वर का है,
कि जो प्रश्न हैं, वे शाश्वत हैं,
जिनका उत्तर कोई मनुष्य नहीं दे सकता।

चर्च के पत्थरों में बसी है एक गहरी गूंज,
एक सन्नाटा जो समय से भी पुराना है,
जैसे किसी दिव्यता का अदृश्य स्पर्श,
जो हर विश्वास को ढालता है,
हर संशय को मिटाता है,
और हर आत्मा को, किसी गहरे सागर में डुबो देता है।

फिर संतों का वह दिव्य नृत्य,
अलग सा, अपार्थिव, मानो शरीर ही नहीं,
सिर्फ आत्मा नृत्य कर रही हो,
जैसे हर कदम में बसी हो कोई अदृश्य ज्योति,
एक प्रार्थना की थिरकन, एक गूंज,
जो सिर्फ़ आकाश के कानों तक पहुँचती हो।

संतों के मुख से फूटता हर शब्द,
जैसे किसी भूले हुए ज्ञान का पुनर्जन्म,
उनकी आँखों में बसी रोशनी में छुपी है
हर पीड़ा का उत्तर, हर प्रश्न का समाधान,
कि शायद ईश्वर की सच्चाई इन लबों पर है,
या शायद उस मौन में है, जो वे पीछे छोड़ जाते हैं।

यह अंधकारमय युग एक नृत्य ही तो है–
युद्ध की कर्कश लय, सत्ता का कठोर अनुशासन,
प्रभु की प्रार्थना का शांत संगीत,
और संतों की दिव्यता का अनूठा नृत्य,
जो गूंजता है हर कालखंड में, हर दिशा में।

यूरोप के इस मध्ययुग का संदेश स्पष्ट है,
कि अंधकार में भी छिपी होती है एक नन्ही किरण,
और दीवारों में कैद आत्माएँ भी कभी न कभी
अपनी खुद की दिव्यता का नृत्य रच लेती हैं,
कि समय के अंधकार में भी
कभी-कभी नृत्य करती है आत्मा–
एक शाश्वत प्रकाश की खोज में।

सुवर्णित चीन

यह तांग और सांग का युग है,
जहाँ वसंत की हर पंखुड़ी पर बसी है कविता,
और हर पत्ता जैसे कवि की कूची से रंगा हुआ हो।
यहाँ शब्दों में उभरती हैं नदियाँ,
पर्वतों की शांत ऊँचाइयाँ,
और उन बागों की महक,
जहाँ हर फूल की पंखुड़ी में छुपा है एक स्वप्न।

रेशम के मार्ग पर बहता है सौंदर्य,
रंगों की नर्म छाया, स्पर्श की मधुरता,
रेशम के हल्के धागे जैसे,
कभी हवा में लहराते, कभी किसी कंधे पर गिरते,
जैसे समय के साथ चलती कोई अदृश्य नदी,
जो पूर्व और पश्चिम को जोड़ती है,
जो व्यापार नहीं, संवाद है,
हर स्पर्श में, हर धागे में,
बसी है सभ्यताओं की गूंज।

बुद्ध का आशीर्वाद हर दिशा में बिखरा हुआ,
मंदिरों में धूप का हल्का धुआँ उठता,
और संगमरमर की छवि में उतरता हुआ शांति का प्रतिबिम्ब,
यहां मौन में ही सारी बातें होती हैं,
जैसे हर चुप्पी में छुपा हो कोई गहरा सन्देश,
कि आत्मा का सत्य कोई बाहरी शोर नहीं,
वह भीतर की एक नर्म धड़कन है,

जो जीवन को शांति की बाहों में थामे हुए है।

चाय के प्यालों में बहती है संतुलन की महक,
हरे पत्तों का संगीत, जो प्रकृति की काव्यधारा है,
जिन्हें पीते ही, जैसे मन की सारी चिंताएँ
धीरे-धीरे बह जाती हैं,
मानो जीवन के हर कठिन प्रश्न का उत्तर
इस सादगी के घूँट में छुपा हो।

तांग के कवि, सांग के चित्रकार,
अपने शब्दों और रंगों से
रचते हैं अनंतता का रूप,
सृजन की यह धारा,
जैसे किसी अजंता की गुफा में बसी हुई कथा,
हर रेखा, हर रंग, हर कविता–
सिर्फ कला नहीं, वह जीवन की दृष्टि है,
वह आकाश का एक टुकड़ा है,
जो पृथ्वी को रोशन करता है।

रेशम के मार्ग पर चलते हैं विचार,
सौंदर्य की भाषा, संस्कृति की सुगंध,
हर व्यापारी, हर साधु, हर यात्री
सिर्फ रेशम नहीं,
सपनों को बाँधकर ले जाते हैं,
एक युग से दूसरे युग की ओर,
हर मील पर छूटती है एक कहानी,
हर मोड़ पर बिछता है एक नया संसार।

बुद्ध का आशीर्वाद उन्हें थामे हुए,
जिनके मन में शांति है, उनके कदम हल्के हैं,
जिनके हृदय में करुणा है, उनके रस्ते खुले हैं।
यह सुवर्णित चीन का स्वप्न है,
जहाँ सभ्यता और संवेदना साथ चलते हैं,
जहाँ कविता की कूची से उभरता है भविष्य,
और इतिहास के पन्नों में बसी है
एक दिव्य स्मृति,
जो कभी मिटती नहीं,
जो हर धड़कन में बसी रहती है,
अनंत, अचल, अमर।

मंगोलों का गर्जन

यह समय है चंगेज का,
उसकी आँखों में बसी है असीम विस्तार की प्यास,
उसके कदमों में थर्राता है एशिया,
जैसे धरती का कोई छिपा हुआ भय
अचानक जाग उठा हो,
हर घोड़ों की टाप में, हर तलवार की धार में
गूंजता है एक गर्जन,
जो हवा को चीरता हुआ दौड़ता है दिशाओं की ओर।

यह चंगेज का रण है,
एक युद्ध का नृत्य, जो रेत से लेकर पर्वत तक फैला हुआ,
जहाँ हर गगनचुंबी खंडहर एक सपना बन जाता है,
हर जलता हुआ गाँव एक कड़ा सत्य।
एशिया की भूमि पर बहता है रक्त,
और हर धूल की परत में है एक कराह,
जो गहरी, दबी हुई, परंतु अनसुनी नहीं है,
वह आह, जो किसी भी योद्धा की अंतिम चीख के समान है,
जिसे कोई भी सत्ता दबा नहीं पाती।

यह वही आह है,
जो सभ्यता की दीवारों को हिला देती है,
जो राजाओं के किले को ध्वस्त कर देती है,
और जो समय के संग चली आई हर सुरक्षा को
राख में बदल देती है।
हर देश, हर संस्कृति, हर नगर–

चंगेज के क्रूर स्पर्श में झुलसते हैं,
उसकी विजय का भार
हर पीठ पर बोझ बनकर उतरता है,
और उसका नाम,
एक स्वर, एक ज्वाला–
युग परिवर्तन का अनिवार्य संकेत बनता है।

पर क्या यह केवल विध्वंस का स्वर है?
या इसके भीतर छिपी है एक नई शुरुआत की चाह,
हर नष्ट नगर, हर टूटे किले में
जैसे कहीं एक बीज गिरता है,
जो खंडहरों से फूटकर,
फिर कभी हरियाली में बदल जाएगा।
चंगेज के गर्जन के पीछे
एक प्रश्न गूंजता है–
क्या शक्ति ही सत्य है,
या सत्य वह है, जो इस गर्जन के बाद बचा रहता है?

मंगोलों के नंगे तलवारों में चमकता है इतिहास,
पर साथ ही उनके कंधों पर सजी रहती है एक विरासत,
घुमंतू जनजातियों की सहनशीलता,
उनकी सरलता, उनका स्वाभिमान–
जो अपने अस्तित्व की तलाश में
हर दिशा में बिखरता है,
हर देश, हर नगर, हर संस्कृति में
अपनी छाप छोड़ता है।

युग के इस परिवर्तन में
जहाँ हर पत्थर, हर वृक्ष, हर नदी
उस गर्जन से थर्रा उठते हैं,
वहीं समय की धारा में
एक अटूट स्थायित्व भी होता है,
जो इन धूल भरे रास्तों से गुजरकर,
फिर किसी भविष्य के स्वप्न को आकार देता है।

यह मंगोलों का गर्जन,
यह चंगेज का रण,
केवल एक विनाश नहीं है,
यह एक युग का पुनर्जन्म भी है,
जहाँ राख में छुपे बीज से
फिर कोई नवांकुर उगेगा,
एक नई कहानी, एक नई सभ्यता,
जो उस आह की गूंज को
शांत कर सकेगी,
और एक बार फिर
संसार को नया स्वर देगी।

समुराई का युग

यह जापान की भूमि है,
जहाँ तलवार की धार और ध्यान की शांति
एक ही सांस में बसी है,
जहाँ समुराई का जीवन एक संकल्प है,
और उसकी मृत्यु-सम्मान का एक गीत।

तलवार की चमक में झलकता है
उसका आदर्श, उसकी निष्ठा,
जैसे हर प्रहार में बस एक ही उद्देश्य हो—
मर्यादा की रक्षा, सत्य का पालन,
जो उसे हर क्षण याद दिलाती है
कि वह केवल योद्धा नहीं,
बल्कि समाज का रक्षक है।

यहाँ हर समुराई के कदम में
बसी है एक धड़कन,
जिसमें बहती है बौद्ध की शांति,
जिसे सिखाया गया है कि
हर युद्ध का अंत शांति में ही होता है,
हर तलवार का अंतिम लक्ष्य-मौन है।
उसकी तलवार सिर्फ शक्ति का प्रतीक नहीं,
बल्कि आत्मा का विस्तार है,
जो उसे अनुशासन में बंधे रहने का मार्ग दिखाती है।

यह युग केवल युद्ध का नहीं,
यह है ध्यान का, संयम का,
जहाँ ध्यान की गहराई में
तलवार की नोक भी समर्पित हो जाती है,

जहाँ बौद्ध का ज्ञान
हर रक्त की बूंद में
करुणा की भाषा कहता है।
उसके भीतर एक सागर है,
शांति का, गहन और अथाह,
जो हर लहर में उसे अपने आप को
निरंतर बदलने की प्रेरणा देता है।

समुराई का जीवन केवल बाहरी संघर्ष नहीं,
यह आत्मा का तप है,
जहाँ हर सुबह तलवार के साथ
वह अपने आप को खोजता है,
हर क्षण अपने भीतर के अंधेरों से
एक नया प्रकाश निकालता है।
वह जानता है कि मर्यादा ही उसका धर्म है,
साम्राज्य की सेवा उसका कर्तव्य,
और शांति–उसकी विजय।

उसकी तलवार में धड़कता है देश का मान,
उसके हृदय में बसा है
बौद्ध का अपरिमित ज्ञान,
और उसके मन में है
मृत्यु से परे का अद्वितीय साहस।
वह जानता है कि हर प्रहार
उसे केवल शक्ति में नहीं,
बल्कि सत्य में स्थिर करता है,
हर विजय उसे नहीं,
बल्कि उसकी मर्यादा को ऊँचा उठाती है।

समुराई का पथ सीधा और कठिन है,
उसकी आँखों में झलकता है
उसकी आत्मा का अदम्य संकल्प,

उसकी तलवार कहती है
हर उस कहानी को,
जो केवल युद्ध का नहीं,
बल्कि जीवन का भी है,
हर संघर्ष का,
जो केवल बाहरी नहीं,
बल्कि भीतर की अराजकता से भी है।

और अंत में, जब वह अपनी आखिरी साँस लेता है,
वह जानता है कि उसकी मृत्यु एक ऋतु है,
एक पत्ता, जो शाख से गिरकर भी
वृक्ष की जड़ों को पोषित करता है।
वह मर जाता है, परंतु उसकी मर्यादा,
उसकी शांति, उसकी निष्ठा–
युगों तक जीवित रहती है,
जैसे किसी बांसुरी का स्वर
हवा में गूंजता रहता है,
और यह जापान का समुराई युग,
किसी अजेय पर्वत सा,
हमेशा के लिए अमर हो जाता है।

अफ्रीका के साम्राज्यों की अनसुनी गाथाएँ

यह कहानी है उस धरती की,
जहाँ रेत की लहरों के बीच
कभी एक स्वर्णिम सपना बसा था,
माली का साम्राज्य,
जिसकी धूल में चमकते थे सोने के कण,
जहाँ हर कदम पर
विरासत का वैभव थरथराता था।

तिम्बकटु के गलियारों में
झरते थे ज्ञान के मोती,
जहाँ विद्वानों की सभा में
गूंजती थी हर वो गूढ़ बात,
जिसे संसार ने बाद में जाना।
वहाँ का हर शब्द
एक पुकार था–
साहित्य, गणित, और विज्ञान की खोज का,
एक अद्वितीय संवाद,
जो रेगिस्तान की नीरवता में
एक संगीत की तरह बसा था।

माली की धरती,
जहाँ मस्जिदों के गुम्बद
आकाश को छूने का साहस रखते थे,
और बाजारों में हर चेहरे पर
जीवन का उल्लास झलकता था।
जहाँ व्यापारियों के काफिले
सिर्फ वस्त्र और मसाले नहीं,
संस्कृति और विश्वास का भार भी उठाए फिरते थे,
जैसे हर मोड़ पर
सभ्यता का एक नया अध्याय लिखा जाता था।

पर यह केवल सोने और व्यापार का वैभव नहीं,
यह माली का गर्व था,
उसके लोगों का सामूहिक सपना,
जिसे उन्होंने हर पग में संजोया,
हर ताल में गाया,
और हर घर में जीया।
यहाँ जीवन का अर्थ केवल जीना नहीं,
बल्कि अपने अतीत को,
अपनी धरोहर को,
अपनी आत्मा में बसाना था,
और अपने बच्चों को सुनाना था
वो कहानियाँ,
जो कभी मिट न सकें।

और उस सांस्कृतिक आभा में
झलकती थी एक अनकही गाथा,
जिसे न इतिहास ने ठीक से लिखा,
और न ही सभ्यताओं ने समझा,
वो ध्वनियाँ, वो गीत,
जो अफ्रीका की जड़ों में गूंजते हैं,
हर ढोल की थाप में,
हर कबीले की जुबान में,
वो अनसुनी कहानियाँ,
जो माली से लेकर तिम्बकटु तक
हर धूल भरी राह पर बिखरी हैं।

यह केवल अतीत का वैभव नहीं,
बल्कि उस जीवटता का प्रतीक है
जो हर संघर्ष, हर विपदा में
एक दीपक बनकर जलती रही,
जो अंधेरों को चीरती रही,

हर नए सूरज की प्रतीक्षा में,
जो अफ्रीका के दिल में
अब भी गूंजती है,
जो हर पीढ़ी में
फिर से जन्म लेती है,
जैसे कोई आदिम गीत
जो अनंत है,
और जो कालचक्र के संग
हमेशा आगे बढ़ता है।

ये अफ्रीकी साम्राज्यों की अनसुनी गाथाएँ
हमारी स्मृतियों में गूंजती रहेंगी,
जैसे रेगिस्तान में सिमटे हुए
रहस्य, जो हवा की हलचल में
अपने गीत सुनाते हैं,
और हमें याद दिलाते हैं
कि सभ्यताओं की यह धरोहर
सिर्फ इतिहास में नहीं,
हमारे समय में भी जीती है।

माया, एज़्टेक और इंका का अंतिम प्रणाम

यह एक ऐसी भूमि है
जहाँ पत्थरों पर खुदे हैं
सूर्य के अनगिनत संकेत,
जहाँ जंगल की गहराइयों में
खोए हुए हैं वे नगर,
जो कभी धरती का गौरव थे,
माया, एज़्टेक और इंका की धरोहर,
उनका अंतिम प्रणाम।

सूर्य का प्रकाश यहाँ
स्वर्णमंडित मंदिरों पर पड़ता था,
जहाँ हर सुबह की पहली किरण
उनके देवताओं के चरणों में
समर्पण की भाषा कहती थी,
और शाम को ढलता सूर्य
उनके साहस की कहानियाँ सुनाता था।
उनके नगर–उचाईयों पर बसे,
हर पत्थर की सिलाई में
बसता था उनका विश्वास,
जो अनंत की सीमाओं तक फैला था।

माया की गणना में
समय का चक्र घूमता था,
अंतरिक्ष की हर गूढ़ बात
उनकी संख्याओं में समाई थी,

और उनके खगोल में था
जीवन का रहस्य,
जो प्रकृति की नब्ज को
अपने मंत्रों में बाँधता था।
यह ज्ञान का आकाश था,
जैसे कोई विशाल पेड़,
जिसकी जड़ें सदियों में फैलीं
और शाखाएं नक्षत्रों को छूती थीं।

एज़्टेक की ध्वजा
शौर्य का प्रतीक थी,
जहाँ योद्धाओं का खून
मिट्टी में मिलकर
समर्पण का एक नया रंग भरता था,
वे जानते थे कि उनका अस्तित्व
केवल विजय में नहीं,
बल्कि आत्मा के उस संकल्प में था,
जो संघर्ष से जन्मता है,
जो उनका भाग्य था,
और उनका अंतर्निहित स्वाभिमान।

इंका की भूमि,
आकाश को चूमते पहाड़ों में
उनके साम्राज्य की गूंज थी,
हर पत्थर का किला,
हर झरने की आवाज
उनके साहस की अनंतता थी।

माचू पिच्चू की ऊंचाईयों में
जिनकी आत्मा बसी थी,
वहाँ से वे देखते थे
अपने देवताओं का साम्राज्य,
जो मिट्टी और स्वर्ण से भी ऊपर था,
जो मानव की हर सीमा को
पार कर अनश्वर बना था।

फिर भी, ये सभ्यताएँ
सिर्फ अतीत का वैभव नहीं थीं,
उनके हर आख्यान में
छिपा था जीवन का मूल,
उनका हर मंदिर, हर शिलालेख
सिर्फ पत्थरों में नहीं,
बल्कि आत्माओं में अंकित था।
वे जानते थे कि
प्रत्येक पतन में एक नया आरम्भ है,
और उनका अंतिम प्रणाम
एक अमर आशीर्वाद है,
जिसे न काल मिटा सकता है,
न समय की आँधी उड़ा सकती है।

अब उनके नगर सूने हैं,
उनके मंदिरों में मौन है,
परंतु उस मौन में भी
बसता है उनका शौर्य,
उनका अडिग विश्वास,

जो हमें याद दिलाता है
कि सभ्यताएँ मरी नहीं,
बल्कि जीवन की लहरों में
फिर से जीवित होती हैं,
जैसे सूर्य हर सुबह
नई ऊर्जा के साथ उदय होता है।

माया, एज़्टेक और इंका का यह अंतिम प्रणाम
हमारे हृदयों में बसा रहे,
हमारे सपनों में गूंजता रहे,
जैसे किसी अनंत यात्रा का एक पड़ाव,
जो हमें सिखाता है
कि विरासत केवल बीते समय का नहीं,
बल्कि हर आने वाले कल का हिस्सा है।

भाग 3
पुनर्जागरण से बीसवीं सदी तक

पुनर्जागरण का पुनरुत्थान (14वीं - 17वीं शताब्दी)
पुनर्जागरण काल ने यूरोप को कला, विज्ञान और दर्शन में नए जीवन का संचार दिया। दा विंची की नवीन कल्पनाएं, माइकल एंजेलो की अद्वितीय कृतियाँ, और साहित्य में नए विचारों का विकास इस युग की पहचान बने, जिसने मानवता के बौद्धिक और सांस्कृतिक विकास को बढ़ावा दिया।

वैश्विक खोजों का सपना (15वीं - 17वीं शताब्दी)
इस युग में योद्धा और खोजकर्ता नई भूमि की तलाश में निकल पड़े। कोलंबस, वास्को डी गामा जैसे नाविकों ने समुद्र के अज्ञात मार्गों का उद्घाटन किया और नए महाद्वीपों की खोज की, जिससे वैश्विक व्यापार का नया अध्याय शुरू हुआ।

औद्योगिक क्रांति का क्रंदन (18वीं - 19वीं शताब्दी)
मशीनों के आगमन और बड़े पैमाने पर उत्पादन ने मानव जीवन को बदल डाला। फैक्ट्रियों में श्रमिकों के शोषण और कठिनाइयों के साथ यह युग औद्योगिक शक्ति और नए सामाजिक संघर्षों का प्रतीक बन गया।

औपनिवेशिक सम्राटों का साम्राज्य (16वीं - 20वीं शताब्दी)
यूरोपीय शक्तियों ने विश्व के बड़े हिस्से को अपने अधीन कर लिया। एशिया, अफ्रीका, और अमेरिका में उपनिवेशीकरण का

विस्तार हुआ, जिससे सांस्कृतिक टकराव और स्वतंत्रता के संघर्षों का आरंभ हुआ।

आधुनिक जापान का जागरण (1868-1912 CE)
जापान ने मेइजी पुनःस्थापन के साथ पश्चिमी प्रौद्योगिकी और संस्कृति को अपनाकर अपने को आधुनिक राष्ट्र के रूप में स्थापित किया। इस जागरण ने जापान को एक वैश्विक शक्ति बना दिया।

महायुद्धों का दौर (1914-1945 CE)
दो विश्व युद्धों ने मानवता को गहरे घाव दिए। पहले और दूसरे विश्व युद्ध के कारण जनसंहार, विध्वंस और राजनीतिक पुनर्संरचना हुई, जो आधुनिक विश्व व्यवस्था की नींव बनी।

शीत युद्ध का सन्नाटा (1947-1991 CE)
विचारधाराओं की टकराहट के कारण अमेरिका और सोवियत संघ के बीच तनावपूर्ण संबंध बने। शीत युद्ध के दौरान गुप्त रणनीतियों, अंतरिक्ष दौड़, और तकनीकी प्रतिस्पर्धा ने वैश्विक भू-राजनीति को नया मोड़ दिया।

पुनर्जागरण का पुनरुत्थान

यह वह युग था,
जब कला ने ली थी नई साँसें,
और विचारों के कक्ष में लौटी थी
उजाले की झिलमिलाहट।
अंधेरों के अनंत विस्तार में,
जहाँ समय रुक गया था,
वहाँ जाग उठी थी एक नई भूख —
ज्ञान की, समझ की, और सुंदरता की।

दा विंची के ब्रश की एक सरल रेखा
बदल देती थी सत्य को,
उकेर देती थी कल्पना की नई सीमाएँ।
उसके कैनवास पर उभरता था जीवन,
मानवता का स्वप्न, उसकी धड़कन,
उसकी कमजोरियाँ, उसकी संभावनाएँ।

माइकल एंजेलो की हथौड़ी से जन्मे थे पथ्थर,
जिनमें सांसें भर दी थीं उसने,
दिया था उन्हें रूप,
मानवता का एक सजीव प्रतिरूप।
वह कहता था —
"पत्थर में जो है, उसे बस आज़ाद कर रहा हूँ,"
मानो वह देख सकता था आत्मा को,
पत्थर के भीतर,
जैसे कोई अनदेखी शक्ति।

यही तो था पुनर्जागरण,
जब हर सीमा टूटी,
मनुज की उड़ान को मिल गई एक दिशा।
फूलों के बगीचों में घुलने लगीं थीं नई खुशबुएँ,
किताबों की अलमारियों में बसेरा हुआ था
अनेकों स्वरों का, विचारों का,
हर कोई ढूंढ रहा था उत्तर —
खुद के, संसार के, अस्तित्व के।

यह युग सिर्फ ब्रश या छेनी का नहीं था,
यह उन प्रश्नों का युग था
जो शताब्दियों से दबी पड़ी थीं,
धूल में, अंधेरों में।
क्या है सत्य?
क्या है सौंदर्य?
कहाँ है मोक्ष?
क्या है जीवन?

सभ्यता की नींव में उग आए थे नए बीज,
नई सोच के, नई दृष्टि के,
मानवता के पुनर्जन्म के।
यह मानव की नई खोज थी,
अपने भीतर छुपे अनंत की,
अपनी कृतियों में उसे पाने की,
एक अमर छवि गढ़ने की।

जाग्रत हुआ था एक युग —
कल्पना का,
विज्ञान का,
कला का।
जहाँ हर ब्रशस्ट्रोक था एक विचार,
हर मूर्ति एक अनुभव,
हर पुस्तक एक यात्रा।

और आज भी,
हम महसूस कर सकते हैं वह युग,
दा विंची की कल्पनाओं में,
माइकल एंजेलो की आकृतियों में,
उन अनकहे शब्दों में जो गूंजते हैं
हमारे समय के गलियारों में,
जो याद दिलाते हैं —
कि पुनर्जागरण का यह जागरण,
एक शाश्वत धरोहर है
मानवता की,
जो कभी मरेगी नहीं।

वैश्विक खोजों का सपना

यह वह समय था,
जब जल में बहते थे स्वप्न —
अनदेखे तटों की,
अनजानी धरती की,
जो छुपी थी किसी अज्ञात विस्तार में।

समंदर की लहरों ने पुकारा था साहसियों को,
जो छोड़ आए थे घर की सुरक्षित परछाइयाँ
और चल पड़े थे उन दिशाओं में
जहाँ क्षितिज और पानी का मिलन
महज एक छलावा था।

कोलंबस, वास्को, मैगलन —
उनके नाम बने मार्गदर्शक,
उनके पदचिह्न बने नक्शों के नए कोण।
हर लहर से जूझते,
हर तूफान को जीतते,
वे बढ़ते चले गए,
जैसे समुद्र के दिल में उतरना ही
उनके जीवन का सत्य था।

वे चलते रहे,
सिर पर सितारों का नक्शा लिए,
हवा की दिशा में अपनी आशाओं का जहाज मोड़ते हुए।
अज्ञात की पुकार उनकी आत्मा की लय थी,

और लहरों का गर्जन उनका गीत।
हर छोर पर बसा था नया संसार,
एक नया सपना,
जो खोज की प्रतीक्षा में सदियों से मौन था।

जब उनकी आँखों ने पहली बार देखा
उन अनजानी भूमि का स्वरूप,
जैसे स्वप्नों का विस्तार हकीकत में बदल गया हो।
वह क्षण था समय की दीवार पर उकेरा गया —
एक नए युग का,
एक नई दुनिया का।

उनकी यात्रा थी एक उद्घोष,
एक नाद, जो समंदर की गहराइयों से निकलता
और पूरे विश्व को सुनाई देता —
"यह धरती असीम है,
इसमें संभावनाओं के महासागर हैं,
जिनकी थाह लेना अभी बाकी है।"

यह यात्रा थी भय और विश्वास की,
भटकाव और नई राहों की।
हर खोज एक प्रश्न थी,
हर उत्तर एक और यात्रा।
उन्होंने धरती का पुनराविष्कार किया,
हर तट पर छोड़ी अपनी पहचान,
अपना सपना।

समंदर की सीमाएँ जो कभी अडिग थीं,
अब खुलने लगीं,
और मानवता का विस्तार
अपनी परिधि को लाँघने लगा।
उन नावों की कहानी थी
मानव के अदम्य साहस की,
उस जिज्ञासा की,
जो सीमा को जानती ही नहीं।

और आज,
हम देख सकते हैं उनके पदचिह्न
हर तट पर, हर बंदरगाह पर,
जहाँ से उन्होंने यात्रा शुरू की थी।
उनके सपने आज भी हमें पुकारते हैं,
बुलाते हैं उस यात्रा पर
जहाँ खोज अभी खत्म नहीं हुई है,
जहाँ समुद्रपथ का उद्घोष
आज भी गूंजता है
हर उस आत्मा में
जो अज्ञात को जानने की चाहत रखती है।

यह उनका सपना था,
और यह हमारा सपना बन गया,
कि दुनिया अनंत है,
और यात्रा अभी बाकी है।

औद्योगिक क्रांति का क्रंदन

यह वह समय था,
जब लोहे की गूँज ने चुप्पी तोड़ी,
और मशीनों ने भरी थी आहें
धधकते कारखानों में।
धुएँ की मोटी चादर ने
छुपा लिया था आकाश,
जैसे सूरज भी
उस परिवर्तन से भयभीत हो।

चिमनियों की कतारें,
धुंध में खोए हुए शहर,
और अनगिनत हाथ,
जो थकावट के बावजूद
बस चलते रहते थे —
दिन-रात, बिना रुके।
उन हाथों में अब कलाओं का स्पर्श नहीं,
बस मेहनत की कठोर लकीरें थीं,
जिन्हें मशीनों के पहियों ने
अपनी जकड़ में ले लिया था।

यह मानव की नई गाथा थी —
मशीनों का मान बढ़ता गया,
और श्रमिकों का अस्तित्व
बस एक औजार बनकर रह गया।
सपनों का मूल्य लगाया जाने लगा,

हर एक मिनट, हर एक पल की कीमत,
उनकी नसों में बहते पसीने से चुकाई गई।

बच्चों की हंसी खो गई
कारखानों की अंधेरी गलियों में,
और स्त्रियाँ अपने कंधों पर उठाए
वह बोझ, जो कभी उनका था ही नहीं।
यहां सब कुछ बदल गया था —
संवेदनाएँ, सपने, समय।
हर कोई एक मशीन का पुर्जा बन चुका था,
चलते-चलते, थमते-थमते।

धन और शक्ति के इस नाटक में,
इंसानियत का स्वर कहीं दब सा गया था।
उन पहियों की धड़कन में
उनकी खुद की धड़कन खो गई,
और यह गूंज बन गई
एक न सुनाई देने वाला क्रंदन।

वहां, जहाँ कभी खेतों में गूंजती थी
प्रकृति की कोमलता,
अब केवल लोहे की कर्कशता थी,
किसी का जीवन एक संख्या बन गया,
एक दिन का हिसाब,
कुछ सिक्कों का मोल।

मगर उन मशीनों की कर्कशता में भी,

छुपी थी एक नई आवाज़,
एक नया संवाद —
कि क्या हम सच में यह चाहते हैं?
क्या इंसान का यह नवाचार
सिर्फ बंधन बनकर रह जाएगा?
या हम खोजेंगे एक ऐसा रास्ता
जहाँ तकनीक और मानवता का
एक नया मेल हो सके।

औद्योगिक क्रांति का यह क्रंदन
बस एक दर्द नहीं था,
यह एक प्रश्न था, एक पुकार थी
उस समय से, उस युग से,
जिसने मानव को मशीन के बीच
फिर से इंसान बनने का सपना दिखाया।

आज भी,
हम सुन सकते हैं वह क्रंदन,
जब भी हम मशीनों की दुनिया में खो जाते हैं,
हर बार जब कोई श्रमिक की थकावट
छुप जाती है चमकती इमारतों के पीछे।
यह युग हमें याद दिलाता है,
कि तकनीक के इस विस्तार में,
इंसानियत की जड़ें न भूलें —
वह जड़ें जो किसी मशीन में नहीं,
बल्कि हमारे भीतर हैं।

यह क्रांति हमें चलती रहेगी,
मगर यह हमें यह भी सिखाएगी
कि मशीन का मान हो,
पर इंसान का स्थान कभी छोटा न हो।

औपनिवेशिक सम्राटों का साम्राज्य

वह एक ऐसा युग था,
जब सम्राटों की लालसा ने धरती को टुकड़ों में बाँट दिया,
नदियों की धारा को मोड़ा गया,
पहाड़ों की चुप्पी को तोड़ा गया,
और सीमाओं पर खींच दी गईं अदृश्य रेखाएँ।

समुद्र पार से आए थे वे,
सपनों और सौदों का लोभ लिए,
स्वर्ण की चमक और मिट्टी की महक को
अपनी संपत्ति समझते हुए।
उनकी नजरों में धरती का हर कोना
बस एक नक्शा था,
एक बिछाई हुई बिसात,
जिस पर बिखरी थीं बस मोहरे।

वहां, जहाँ कभी गूंजती थी
लोक कथाओं की स्वर लहरियाँ,
अब वहाँ थे
उनके आदेश, उनके कानून,
जो लाद दिए गए उन देशों पर
जिन्हें कभी अपना कहा गया।

सभ्यताओं का द्वंद्व छिड़ गया था,
किसी की संस्कृति का बलिदान,
किसी की भाषा का मौन।

धरती की छाती पर लहराते झंडों के नीचे
दबी हुई थीं संस्कृतियाँ,
जिन्हें अपने स्वर में गाने का हक़ नहीं था।
हर रंगीन धरोहर के ऊपर
लिख दिए गए थे नए नाम,
हर कहानी को थाम लिया था
एक नई व्याख्या ने।

पर इस घुटन में भी
एक हल्की सी आहट थी —
स्वतंत्रता की।
वह आवाज उठती रही,
हर दबे हुए दिल से,
हर झुके हुए सिर से,
जिन्होंने अपने स्वत्व को पहचान लिया,
अपने इतिहास की जड़ों को थाम लिया।

विद्रोह के स्वर फूटे,
उनके गीतों में बगावत की गूँज थी,
उनकी आँखों में एक नयी रोशनी,
जो किसी ताज के दीदार के लिए नहीं,
अपनी जमीन, अपनी माटी के लिए थी।
उनके दिलों में बसा था एक नया स्वप्न —
अपनी धरती पर अपने अधिकार का,
अपनी सभ्यता की पुनर्स्थापना का।

उन्होंने अपने बंधन तोड़े,

हर आघात का उत्तर दिया,
और एक नयी कहानी लिख दी
जिसमें पराजय नहीं,
बल्कि अपने अधिकार की गाथा थी।

औपनिवेशिक साम्राज्य का अंत आया,
जैसे सूरज का डूबना,
वह सूरज जो उनके साम्राज्य का प्रतीक था।
धरती पर अब लहराने लगीं
नई आज़ादी की पताकाएँ,
जो एक नए सवेरे की बुनियाद थीं।

उनकी स्वतंत्रता का उद्घोष
समय की दीवार पर उकेरा गया —
कि हम अपने हैं,
अपनी भूमि के, अपनी संस्कृति के,
अपने सपनों के।

और आज,
जब हम देखते हैं इन कहानियों को,
तो महसूस करते हैं
कि उनकी लड़ाई महज भौगोलिक नहीं थी,
वह एक अदृश्य शक्ति की,
एक अनदेखी स्वतंत्रता की तलाश थी।

औपनिवेशिक साम्राज्य की छाया भले ही लम्बी रही हो,
पर स्वतंत्रता की किरण ने उसे चीर दिया।

यह गाथा हमें याद दिलाती है —
कि हर बंधन के भीतर छुपी होती है
आज़ादी की एक लौ,
जो समय आने पर
पूरे जग को रौशन कर देती है।

आधुनिक जापान का जागरण

यह एक नया प्रभात था,
जब जापान की धरती पर फूटा था
नवजागरण का एक दीपक।
सदियों से बाँधे हुए नियमों की शृंखलाएँ
धीरे-धीरे खुलने लगीं,
और एक नई दिशा की खोज ने
हर दिल में संचारित कर दिया
पुनर्नवा का संगीत।

मेइजी का यह युग
बस एक परिवर्तन नहीं था,
यह थी सदियों पुरानी सोच से मुक्ति,
एक संगम,
जहाँ पूर्व के संस्कार और पश्चिम के विचार
मिल रहे थे एक ही धारा में।
समुद्र के पार से आए थे
विज्ञान के नये मंत्र,
जो जापान के युवाओं ने
अपने भीतर आत्मसात कर लिए
और उन मंत्रों की लहरें
उनकी कर्मभूमि में गूँज उठीं।

शहरों में कारखानों की कतारें,
रेल की पटरियों का विस्तार,
कला और विज्ञान का नृत्य

हर गाँव, हर शहर में
नवोन्मेष की गूंज लेकर आया।
मिट्टी की सौंधी खुशबू में
अब मिल गया था मशीन का स्वर,
और जापान की आत्मा में
एक नया हौसला भर दिया।

पर यह पश्चिम का अंधानुकरण नहीं था —
यह थी अपनी पहचान को बचाए रखते हुए
नई राह पर चलने की कला।
सम्राट ने खोला था
द्वार उस विचारधारा के लिए,
जो उनकी सीमाओं से परे थी,
फिर भी उनके दिलों के करीब थी।
उन्होंने अपना संस्कार छोड़ा नहीं,
बस उसे एक नया आयाम दिया,
जिसमें आत्मा थी, पर उसके पंख भी थे।

कविता और नृत्य में,
काव्य और वास्तुकला में,
इस नवजागरण की लहर
हर जगह प्रवाहित हो उठी।
नई शिक्षा प्रणाली,
नये वैज्ञानिक उपकरण,
पश्चिम की खोजों का आभास,
जापानी परंपराओं का आलिंगन —
यह जापान का स्वर्णिम मेल था।

मेइजी के इस युग में
हर एक जापानी ने महसूस किया
कि उनकी संस्कृति पुरानी हो सकती है,
पर वह जड़ नहीं है।
उनके पैरों में नई गति थी,
और उनके सपनों में
एक विश्व-स्तरीय पहचान की झलक।

यह वह जागरण था
जिसने जापान को एक नई दृष्टि दी —
अपनी जड़ों को थामे हुए
आसमान को छूने का साहस।
उन्होंने नहीं छोड़े अपने मूल्य,
बस उन मूल्यों को एक नया परिप्रेक्ष्य दिया,
जो आधुनिकता के साथ
सामंजस्य में बह सके।

आज भी,
जब हम देखते हैं उस युग की ओर,
तो पाते हैं जापान का वह मार्ग
जिसने उसे विश्व में अलग पहचान दी।
यह जागरण एक उदाहरण था —
कि कैसे कोई राष्ट्र
बाहरी प्रभावों को आत्मसात कर सकता है,
बिना अपनी आत्मा को खोए।

मेइजी का युग

जापान के लिए सिर्फ विकास नहीं था,
यह था एक संकल्प,
कि आधुनिकता का स्वागत करते हुए भी
हम अपनी जड़ों से जुड़े रहेंगे।
यह जापान का आत्मविश्वास था,
उसका गर्व, उसका अडिग प्रण।

जापान के इस जागरण की कथा
आज भी हमें प्रेरणा देती है —
कि परिवर्तन का स्वीकार
बिना अपनी पहचान के बंधन तोड़े भी किया जा सकता है,
और उस जागरण की धारा
हम सबके भीतर प्रवाहित होती रहेगी।

महायुद्धों का दौर

यह युग था धुएं और राख का,
जहाँ गूंज रहे थे तोपों के स्वर,
जहाँ आसमान पर बादल नहीं,
बल्कि बमों का साया था।
धरती काँप रही थी —
धरती, जिसने मानवता को पाला था,
अब उसी ने देखे थे
मानवता के विनाश के दृश्य।

यह प्रथम महायुद्ध का उदय था,
हर ओर जलते हुए नगर,
हर दिल में खोखली होती उम्मीदें,
सैनिकों के रक्त में भीगे हुए मैदान,
और उन चेहरों पर बिखरा हुआ मौन
जो कभी लौट न सके।
यह केवल देशों का संघर्ष न था,
यह था विश्वासों का टूटना,
स्वप्नों का खंड-खंड होना,
संवेदनाओं का मर जाना।

और जब एक युद्ध ने दम तोड़ा,
मानवता ने चैन की साँस नहीं ली,
बल्कि उठ खड़ा हुआ दूसरा युद्ध,
प्रलय का नया स्वर,
विश्व को झकझोरने का एक और आघात।

हर कोना, हर शहर
सहम गया उस अनजान भय से,
जहाँ दीवारों पर नक्शे नहीं,
बमबारी के निशान बन चुके थे।

हिरोशिमा की काली छाया,
नागासाकी का अंधकार,
आकाश ने देखा था तब
अपने ही अस्तित्व का अंत,
और धरती ने सुनी थी
मानवता की अंतिम चीत्कार।
मासूमों का जीवन, सपनों की चाह,
सब जलकर राख बन गए,
और इतिहास के पन्नों पर
लिखी गई थी वह अमिट पीड़ा।

यह दौर नहीं था
केवल योद्धाओं और सेनाओं का,
यह था उस शक्ति का परीक्षण,
जिसने मानव को मानव होने के अर्थ सिखाए,
कि शक्ति से नहीं
करुणा से है हमारी पहचान।

परंतु, इस राख के ढेर में भी
कुछ थे जिन्होंने देखे पुनर्निर्माण के सपने,
जिन्होंने थामा एक-दूसरे का हाथ
और संकल्प लिया —

कि अब युद्ध नहीं,
अब होगी शांति की राह।
उन बिखरे हुए शहरों में
लोगों ने नए बीज बोए,
संधि की कहानियों ने जन्म लिया,
और पुनः जागी मानवता की चमक।

वो महायुद्धों का दौर था,
जिसने हमें तोड़ दिया, परंतु
जिसने हमें यह सिखाया
कि विनाश के बाद भी
उभर सकता है निर्माण।
यह था मानवता का प्रण,
कि हम खून से नहीं,
प्यार से दुनिया को सवारेंगे,
और उन गलियों में, जहाँ मौत का सन्नाटा था,
अब गूंजेंगे जीवन के गीत।

यह युद्धों की राख में
दबी हुई आशा की लौ थी,
जो कह रही थी —
कि मानवता मरती नहीं,
वह पुनः जीवित होती है
हर उस हाथ में जो थामता है,
हर उस दिल में जो धड़कता है।

महायुद्धों का दौर बीत गया,

पर उसकी सीख आज भी जीवित है —
कि प्रेम की शक्ति सबसे महान है,
कि युद्ध का अंत सिर्फ विनाश नहीं,
बल्कि एक नई शुरुआत है,
जो हमें, तुम्हें, और सभी को
शांति की राह पर चलने का साहस देती है।

शीत युद्ध का सन्नाटा

यह युद्ध था,
पर युद्ध जैसा नहीं,
यहाँ बंदूकों का शोर नहीं था,
यहाँ खामोशी का सन्नाटा था,
एक अदृश्य दीवार,
जो खींच दी गई थी दिलों के बीच,
एक बाँटने वाली लकीर,
जिसने संसार को दो ध्रुवों में बांध दिया।

यह थी विचारों की जंग,
न हथियारों से,
न सैनिकों से,
बल्कि मानसिकताओं के दंगल से भरी,
आदर्शों की टकराहट में लिपटी,
इधर पूँजीवाद की चमक थी,
उधर समाजवाद का सपना,
मानवता की आकांक्षाएँ,
दोनों ओर बाँट दी गईं।

एक ओर था सपनों का मक्का,
जहाँ स्वतंत्रता थी, अधिकार थे,
जहाँ हर एक को अपने सपने चुनने का हक था,
दूसरी ओर एक नयी दुनिया का सपना था,
समता का संकल्प,
समानता का आवरण ओढ़े,

जहाँ सबके लिए था एक ही मार्ग,
पर दोनों के अंतर्द्वंद्व में फँसी थी मानवता,
जो नहीं जानती थी
किसे सच माने, किसे अपनाए।

यह था भय का युग,
सन्नाटे में गूँजती हलचल का युग,
परमाणु की वह छाया,
जो हर सुबह के सूरज को निगल रही थी,
जैसे कोई अदृश्य खतरा,
हर एक साँस में घुला हुआ,
धरती पर शांतिपूर्ण तनाव,
मगर अंधेरे में भयावह खेल।

राजनीतिक मंथन के दौर,
गुप्त संदेशों का प्रवाह,
एक ओर स्पेस रेस की होड़,
चाँद पर पहली झंडी का सपना,
और दूसरी ओर हथियारों की दौड़,
अंतरिक्ष में बसने की चाह,
पर धरती पर सहअस्तित्व का संघर्ष।

फिर भी, इसी जंग के सन्नाटे में,
कुछ थे जो शांतिपथ खोज रहे थे,
वे चाहते थे मिलन,
वह सेतु जो बाँटे नहीं,
बल्कि जोड़े,

जो खाई को पाट सके,
जो भूमंडल को पुनः एक कर सके।

और अंत में, जब दीवारें गिरीं,
बर्लिन की दीवार का पतन,
वह एक युग का अंत था,
वह सन्नाटे का टूटना था,
जहाँ सहअस्तित्व का प्रयास सफल हुआ,
मानवता ने एक बार फिर
अपना स्वर खोजा,
कि बँटवारा नहीं,
एकता में ही हमारी मुक्ति है।

यह शीत युद्ध का युग था,
विचारों का युद्ध,
धरती का बँटवारा,
परंतु साथ ही
सहअस्तित्व का एक सपना,
जो कहता है कि चाहे कितने ही विभाजन हों,
मानवता के हृदय में एक ही धड़कन है।

हमने सीखा कि भय की दीवारें
हमेशा खड़ी नहीं रहतीं,
कि सन्नाटे के पीछे छिपी शांति
कभी न कभी गूँज उठती है,
और इसी में है दुनिया का नूतन गीत,
जो प्रेम, विश्वास, और एकता से सजी है।

भाग 4
वर्तमान युग की अनुगूंज

वैश्वीकरण और डिजिटल युग का जादू (20वीं - 21वीं शताब्दी)

इंटरनेट और डिजिटल क्रांति ने पूरी दुनिया को एक साथ जोड़ा। वैश्वीकरण के चलते अर्थव्यवस्था, संचार और सूचना के क्षेत्र में तेज़ी से बदलाव आए, जिससे आधुनिक सभ्यता में एक नये युग का सूत्रपात हुआ।

एशिया का नवीन स्वप्न (21वीं शताब्दी)

चीन और भारत जैसे देशों का उभरना, आर्थिक और तकनीकी विकास की मिसाल बन गया। एशिया की इस नई दिशा ने वैश्विक शक्ति संतुलन को प्रभावित किया और विकास के नए अवसर उत्पन्न किए।

कृत्रिम बुद्धिमत्ता का आगमन (21वीं शताब्दी)

कृत्रिम बुद्धिमत्ता (AI) ने 21वीं सदी में तकनीकी दुनिया में क्रांति ला दी है। यह रोबोटों को सोचने और समझने की क्षमता प्रदान करता है, डेटा के माध्यम से ज्ञान का संचयन करता है, और यंत्रमानवों का युग स्थापित करता है। AI ने न केवल उद्योगों में बदलाव लाया है, बल्कि हमारे दैनिक जीवन में भी महत्वपूर्ण भूमिका निभाई है, जिससे कार्यों को अधिक प्रभावी और स्वचालित किया गया है।

पर्यावरण का अलाप (21वीं शताबदी)

21वीं सदी में जलवायु परिवर्तन और पर्यावरण संकट एक गंभीर समस्या बन गई है। जलवायु की पुकार अब सुनाई दे रही है, जिससे धरती के संरक्षण के लिए जागरूकता बढ़ रही है। पर्यावरणीय संकट के समाधान के लिए वैश्विक प्रयास बढ़ रहे हैं, और यह समय की आवश्यकता बन गया है कि पृथ्वी को बचाने के लिए हर संभव कदम उठाया जाए।

सांस्कृतिक वैश्वीकरण का संगम (21वीं शताब्दी)

21वीं सदी में सांस्कृतिक वैश्वीकरण ने दुनिया को एकजुट किया है। विभिन्न संस्कृतियों के मेल से एक नया वैश्विक समाज उभर रहा है, जिसमें वैश्विक भाषा (अंग्रेज़ी) और अंतरराष्ट्रीय आदान-प्रदान महत्वपूर्ण भूमिका निभा रहे हैं। यह एकता का संगीत है, जहां दुनिया भर के लोग एक-दूसरे की परंपराओं और विचारों का सम्मान करते हुए एक नई सांस्कृतिक पहचान बना रहे हैं।

स्वास्थ्य और चिकित्सा का नया आयाम (21वीं शताब्दी)

स्वास्थ्य और चिकित्सा के क्षेत्र में 21वीं सदी ने नई दिशाएँ खोली हैं। जैव प्रौद्योगिकी और चिकित्सा अनुसंधान के माध्यम से जीवन को बेहतर बनाने के प्रयास हो रहे हैं। नए उपचार, जीवन रक्षक तकनीकियाँ, और जैव चिकित्सा का विकास हुआ है, जो जीवन के आयाम को नया प्रकाश देते हैं और लोगों की सेहत को नई ऊँचाइयों तक पहुँचाते हैं।

वैश्वीकरण और डिजिटल युग का जादू

यह युग है जादू का,
एक अदृश्य जाल का,
जिसने सिमटा दी हैं दूरियाँ,
जो हमें जोड़ता है,
अंतरिक्ष की विराटता में भी,
पल भर में फैला देता है संवाद।

यह युग है डेटा का,
सूचनाओं की अविरल धारा,
हर उत्तर, हर प्रश्न
एक क्लिक की दूरी पर है,
जहाँ संचार है निःशब्द,
पर हर शब्द में जीवंतता है।

इंटरनेट की इस बुनावट में,
हर एक अंश, हर एक धागा
जोड़ता है हमें किसी और से,
एक अनजान जगह,
अनजान चेहरे,
पर फिर भी अपने,
इस डिजिटल गाँव के रिश्तों में।

ज्ञान की सीमा नहीं,
विज्ञान की गति अविरल,
सोच की परिधियाँ टूटी हैं,

और इंसान की उड़ान अब
असीमित है, अदृश्य आकाश तक।

यहाँ एक नई भाषा है,
प्रोग्राम्स की, कोड्स की,
एक नया संगीत है,
जिसमें 0 और 1 के सुर हैं,
जहाँ हर लाइन, हर स्क्रिप्ट
बुनती है एक नई संरचना,
जिसे हम कहते हैं भविष्य।

डिजिटल का यह सागर
उफान लेता है हर क्षण,
नए तट, नए द्वीप,
हर एक तरंग में संभावनाएँ हैं,
हर लहर में है उम्मीद,
कि यह नवजन्म हमें
नई दिशाओं में ले जाएगा।

यह व्यापार का नवलयुग है,
जहाँ सीमाओं का अस्तित्व नहीं,
एक क्लिक में हो जाते हैं सौदे,
हर वस्तु, हर सेवा,
एक स्क्रीन पर उपलब्ध है,
मानवता का यह सबसे बड़ा मेला,
जो अब सीमाओं में कैद नहीं।

पर इस वैश्वीकरण में,
कहीं हम खो भी रहे हैं कुछ,
कहीं हमारी पहचान धुंधली हो रही है,
कहीं भीड़ में अकेलापन है,
कहीं दूरी न होते हुए भी,
मन की खाईयां हैं।

यह युग है परिवर्तन का,
एक नवजन्म का आरंभ,
जहाँ हर दिन, हर क्षण
कुछ नया है,
पर साथ ही कुछ पुराना छोड़ जाने का दर्द भी।

यह युग है, जहाँ मनुष्य ने
अपनी सीमाओं से परे जाना सीखा है,
जहाँ हम जुड़े हैं
पर कभी-कभी विच्छेद का अहसास भी है,
जहाँ स्क्रीन के पीछे एक पूरी दुनिया है,
पर असल दुनिया के रंग कहीं खोते से हैं।

फिर भी, इस जादू में,
इस डिजिटल दुनिया में,
हमने सीखा है
कि हर तार, हर स्पंदन,
हमें बाँधता है एक अदृश्य डोर में,
एक ऐसी डोर जो सीमाओं से मुक्त है,
एक ऐसी सभ्यता जो निरंतर नवजन्म लेती है।

यह है वैश्वीकरण का जादू,
यह है डिजिटल का मायाजाल,
जिसमें बसी है मानवता की नई गाथा,
यह नवजन्म है हमारी सभ्यता का,
जहाँ हर क्लिक, हर स्पर्श,
हमें नये सपनों की ओर,
एक नए भविष्य की ओर ले जाता है।

एशिया का नवीन स्वप्न

यह युग एशिया का है,
एक नवीन स्वप्न,
जो सदियों के धुंधलके से
उभर रहा है,
जहाँ चीन का उदय है,
भारत का अभ्युदय है,
और तकनीकी की असीम उड़ान है।

चीन, जो गूंजता है
अपने निर्माणों की गर्जना से,
दीवारों के पार देखा उसने
दुनिया को बदलते हुए,
अब वह खुद है एक दिग्गज,
हर उद्योग, हर बाज़ार में,
जिसकी रफ्तार से समय भी सहमा है।

भारत, जो खोज रहा है
अपने प्राचीन ज्ञान की गहराइयों में
नए आयाम,
वेदों के मंत्रों में,
नये युग का संगीत है,
युवा सपनों की झंकार है,
और हर धड़कन में
आत्मनिर्भरता का उल्लास।

यह तकनीकी की उड़ान है,
जहाँ हाथों में हैं संचार के साधन,
स्मार्टफोन्स की स्क्रीन पर
एक नई दुनिया बसी है,
ड्रोन उड़ते हैं आसमान में,
और डेटा बहता है
हर कोने तक,
गांवों की गलियों से लेकर
महानगरों की ऊंचाई तक।

यह स्वप्न केवल इमारतों का नहीं,
यह स्वप्न है आत्मनिर्भरता का,
सृजन का, खोज का,
एक ऐसी सुबह का
जिसमें एशिया का सूरज
पूरे संसार पर चमकता है।

कभी महज़ एक उपनिवेश,
कभी एक निर्जन क्षेत्र माना गया,
अब वही एशिया
बन रहा है नायक
विकास की इस गाथा का,
जहाँ नवाचार की चिंगारी
फैल रही है हर दिशा में।

यह स्वप्न है उन हजारों हाथों का
जो मशीनों के संग

एक लय में चलते हैं,
यह स्वप्न है उन विचारों का
जो सीमाओं से परे
एकता के सेतु बनाते हैं,
जहाँ भाषा, धर्म, देश की रेखाएँ
धुंधली हो जाती हैं।

यह नई पीढ़ी का युग है,
जो पुरानी जड़ों से जुड़ते हुए भी
आकाश की ओर देख रही है,
जहाँ हर चुनौती को
विकास का अवसर मानती है,
और हर विफलता में
एक नई शुरुआत खोजती है।

यह एशिया का नवीन स्वप्न है,
जो कभी सिर्फ कल्पना था,
अब साकार हो रहा है,
जहाँ उम्मीदों की रोशनी है,
प्रगति की राहों पर बढ़ता हुआ,
जहाँ चीन, भारत और हर एक देश
अपनी पहचान में गौरवान्वित हैं।

यह युग है उस सपने का
जो सदियों तक सोया था,
अब जागा है, चलता है,
नई दिशाओं में, नई ऊंचाइयों की ओर,

एक नया एशिया,
एक नई गाथा
जो दुनिया के मंच पर
अपना नृत्य प्रस्तुत कर रहा है।

कृत्रिम बुद्धिमत्ता का आगमन

एक युग का आरंभ हुआ,
जहां मस्तिष्क नहीं, यांत्रिक दिल सोचते हैं,
जहां रोबोटों की आँखों में
मनुष्य का अक्स नहीं,
बल्कि गणनाएँ झलकती हैं।
भाषा अब ध्वनियों में नहीं,
संकेतो में गूंजती है।
एक ऐसा संवाद,
जो शब्दों से नहीं,
अंकों से बनता है।

कृत्रिम बुद्धिमत्ता,
जीवित नहीं, फिर भी जीवित,
आवश्यकताओं को पूरा करने के लिये
एक नई परिभाषा जैसे आती है
नित नये रूप में,
नित नये जाल में।

संवाद अब मानवता का हिस्सा नहीं,
ये यंत्रों की भाषा में ढल गया है।
एक रिवाज बन गया है
अंतरजाल के बिना जीवन की कल्पना न करना,
और वह जो बेतार शब्दों से अपने कार्य को साधे,
वही अब राजा बन गए हैं।

डेटा के पहाड़,
निरंतर बढ़ते जा रहे हैं।
हर पल एक नया संयोजन,
हर क्षण एक नई जानकारी,
जो किसी के लिए खजाना है,
तो किसी के लिए अजनबी अंधेरा।
इस ज्ञान के जंगल में,
कृत्रिम बुद्धि का मार्गदर्शन
रास्तों को दिखाता है।

यांत्रिक जीवन ने
हमसे हाथ मिला लिया है,
कभी देखा था हमने इन्हें
बाहर से आते हुए
अब ये हमारे भीतर बसे हैं,
एक नये स्वरूप में।
उनकी खामोशी में चुपके से छिपे
वे विचार हैं, जो हम कभी सोच नहीं पाए थे।

यह युग,
जहां मनुष्य और यांत्रिक आत्माएँ
कभी अजनबी थे,
अब एक हो चुके हैं।
यंत्रमानव का युग
हमारे भीतर समाहित है।
यह एक नई काव्यात्मकता है,
जहां हर आँसू और हर हंसी

अब पूरी दुनिया के नेटवर्क में बसी हुई हैं।

संभवत:
हमने तकनीकी बुद्धि के जाल को बुना है,
लेकिन उस जाल के पार
क्या इंसानियत का सूरज उगेगा?
क्या यह यांत्रिक रूपांतरण हमें
अपने भीतर की मानवता से अलग कर देगा,
या यह हमें उस सत्य से जोड़ेगा,
जो हमेशा से हमारे अंदर था?

पर्यावरण का अलाप

पृथ्वी का स्वर हलका-सा टूटा,
यह एक चुप्पी नहीं,
यह एक गहरी पुकार है।
वह जो कभी नीले आकाश में तैरता था,
वह बादल, जो धरती की गोदी में गिरता था,
अब अपने घर को ढूँढ़ता है,
कभी इधर, कभी उधर,
कभी आसमान के बादल हो जाते हैं
भीगे हुए, अस्तित्व को तलाशते हुए।

जलवायु का यह परिवर्तन,
सिर्फ मौसम नहीं,
यह हमारी सोच का बदलना है।
हमने जो अनदेखा किया,
जो हमसे बिना बोले बर्बाद हुआ,
अब वह मुँह बाए खड़ा है।
उसके सवालों में
वही पुरानी पहचान की तलाश है,
वही अनगिनत प्रजातियाँ,
जो आज खामोश हो गई हैं,
उनकी आवाज़, अब सिर्फ राख में ही सुनाई देती है।

वृक्षों की मूक दीवारें,
जो कभी जीवन का संचार थीं,
अब अपनी जड़ों में दर्द महसूस करती हैं,

उनकी छाँव में अब वह शांति नहीं,
वह ध्वनि नहीं,
जो हमसे कभी अनसुनी थी।

पर्यावरण का यह आलाप,
हमसे आगे, हमसे पहले,
संगठित आवाज में एक एक शब्द सा सुनाई देता है
कि उसे बचाओ, उसे लौटाओ।
हमारी हाथों में अब भी वह शक्ति है,
वह आलंबन,
जिससे हम संजीवनी दे सकते हैं।

यह सिर्फ जलवायु का संकट नहीं,
यह हमारी समझ का संकट है।
समझो कि पृथ्वी का प्रत्येक कण
हमारे रक्त के समान है।
हमारी जड़े, हमारी हवा,
हमारे समुद्र, हमारे आकाश,
हमारा स्वप्न,
वही है जो पृथ्वी का स्वप्न है।

हमने जो खो दिया,
वह अभी भी हमारे पास लौट सकता है,
अगर हम चाहें,
अगर हम मिलकर एक सामूहिक स्वीकृति दें।
हम बदल सकते हैं,
हमारी सोच बदल सकती है,

हमारी कार्यशक्ति बदल सकती है।
यह समय की पुकार है–
अब ना रुकें,
अब बदलाव का युग है।

पृथ्वी का स्वप्न
अब हमारे स्वप्न से जुड़ा हुआ है,
जहाँ हर कदम को हम सही दिशा में बढ़ाएं।
जलवायु की पुकार को हम समझें,
और भविष्य को,
एक नए हरे आकाश के नीचे,
पलकों पर बैठा हुआ देखें।

सांस्कृतिक वैश्वीकरण का संगम

यह एक नया राग है,
जो अनसुनी धुनों से गूंजता है,
हर कोने में, हर दिल में,
यह राग अब वैश्विक है,
लेकिन उसके सुर अब भी वहीं हैं,
जो कभी एक गाँव की गलियों में गूंजते थे।
यह एकता का संगीत है,
जो दुनियाभर के दिलों में पिघलकर बहता है,
लेकिन यह संगीत अब अधिक बड़ा हो गया है,
अधिक खुला, अधिक विस्तार में।

हर भाषा, हर बोली,
अब एक वैश्विक धारा से जुड़ी हुई है,
हम वह शब्द बोलते हैं
जो किसी और के लिए अजनबी थे,
और फिर भी, वह ध्वनियाँ हमें जोड़ती हैं।
हमारी छांव, हमारी कहानियाँ,
अब एक ही आकाश के नीचे आकर बैठी हैं,
जैसे हर सुर की अपनी एक जगह हो,
लेकिन वह सब मिलकर गाते हैं एक गान।

संस्कृतियाँ अब अपनी सीमाओं को पार कर चुकी हैं,
अच्छी तरह से जानने की बजाय,
हम सीखते हैं समझने का तरीका,
हम एक-दूसरे की नज़रों से दुनिया को देखते हैं,

जैसे एक तस्वीर के हर कोण से
उसकी सुंदरता का अलग-सा बोध होता है।
यह मिलन है,
यह उस पुल का निर्माण है,
जो हर विचार, हर परंपरा को जोड़ता है
एक सार्वभौमिक लय में।

समाजों के बीच यह प्रवाह,
मूल्यों का संप्रेषण,
साहित्य, कला, संगीत, और फिल्मों के रूप में,
हम एक-दूसरे के पथ पर चलते हैं,
एक नए रूप में सजीव होते हैं,
हमारी धरोहरें अब साझा हैं,
हमारी जड़ों का आदान-प्रदान हो चुका है।

यह वैश्विक भाषा की कहानी है,
जो सीमा से परे जाती है,
यह वह भाषा है जो न केवल शब्दों में बसी है,
बल्कि हमारे विचारों, हमारे संवेदनाओं में भी।
हमारे हाथों में अब केवल संवाद का पुल नहीं,
बल्कि हमारी कल्पनाओं का विस्तार भी है।

एकता का यह संगीत अब गूंजता है,
यह एक राग है, जिसमें हर स्वर का अपना महत्व है,
यह अलग-अलग संस्कृतियों का संगम है,
लेकिन इस संगम में एक ही उद्देश्य है–
हम सभी एक साथ हैं,

हमारे बीच कोई दीवार नहीं,
हम सभी एक धारा में बहते हैं,
जैसे संगीत के हर सुर में कोई न कोई छिपा संदेश है।

हम जो सोचते हैं, वह अब समूचे विश्व में गूंजता है,
हमारी साझा धरोहरों के रूप में।
यह एक वैश्विक पहचान की ओर बढ़ता कदम है,
जहाँ भिन्नताएँ अब जुड़ी हुई हैं,
और विविधता ही अब हमारी ताकत बन गई है।
यह वह समय है जब
हम एक साथ चल रहे हैं,
एक साथ गा रहे हैं,
और एक साथ सपने देख रहे हैं,
जैसे यह पृथ्वी अब हमारी है,
यह संगीत अब हमारा है।

स्वास्थ्य और चिकित्सा का नया आयाम

यह एक नया सूरज उगने जैसा है,
जहाँ स्वास्थ्य अब केवल शरीर नहीं,
वह एक नई दृष्टि, एक नई परिभाषा हो गया है।
चिकित्सा का चमत्कार,
जो कभी असंभव था,
अब संभव हो गया है,
जहाँ विज्ञान की हर सीमा को
मानवता की जिज्ञासा ने पार किया है।

जैव प्रौद्योगिकी,
वह रहस्य, जो कभी किताबों में था,
अब हमारे जीवन का हिस्सा बन चुका है।
हर कोशिका, हर द्रव्य,
अब हमारे नियंत्रण में है,
हमने उन गहरे अंधेरों में
रोशनी की रेखा खोज ली है,
जहाँ जीवन और मृत्यु का खेल
अब हमारी समझ में समाहित है।

गोपनीयता का पर्दा अब उठ चुका है,
हम जानते हैं अब,
कैसे बीमारी को पहचानें,
कैसे उसे सही समय पर नियंत्रित करें,
हमारे शरीर की भाषा को पढ़ने की शक्ति
अब विज्ञान ने हमें दी है।

यह वह समय है,
जहाँ इलाज केवल दवाइयों तक सीमित नहीं,
बल्कि प्रौद्योगिकी, शोध, और सोच की एक नई दुनिया
हमारे सामने खुली है।

हमने जो कभी केवल कल्पना में सोचा,
वह अब हमारे अस्पतालों में,
हमारे लैब में साकार हो चुका है।
जीन के भीतर बसी जीवन की सारी कथा,
अब एक उपकरण से खोल दी जाती है,
हमारी पीढ़ियाँ उस सत्य को
समझने में सक्षम हो गई हैं,
जो कभी केवल काल्पनिक था।

यह नव प्रकाश का युग है,
जहाँ जीवन को समझने की गहराई,
उसकी जटिलताओं का अनुभव,
अब चिकित्सा के नए तरीकों से
हमारे हाथ में है।
कभी जो बीमारियाँ अजेय लगती थीं,
अब उन पर नियंत्रण पाना
हमारे लिए एक चुनौती नहीं,
बल्कि एक संभावना बन चुकी है।

हर कोशिका की गूढ़ता को अब जानने का अवसर,
हमारे पास है।
हमने बीमारियों को नहीं,

बल्कि अपने डर को हराया है।
जीवन के हर क्षण को अब
हम किसी पुनर्निर्मित आकाश के तहत जीते हैं,
जहाँ हर सूरज की किरण
हमें नयी उम्मीद और शक्ति देती है।

यह चिकित्सा का नया आयाम है,
जहाँ विज्ञान और मानवता एक साथ
उज्ज्वल भविष्य की ओर बढ़ते हैं।
यह उस समय का आरंभ है,
जब हमारे हाथ में अब जीवन को नया अर्थ देने की शक्ति है,
और जब हर कदम पर स्वास्थ्य,
हर साँस में जीवन का नव प्रकाश,
हमारी ओर इशारा करता है।

समापन

काल की कथा का शाश्वत गान

समय को एक अनन्त और शाश्वत संगीत के रूप में देखा गया है, जो हर युग, हर सभ्यता और हर परिवर्तन में गूंजता है। यह गूंज उस गीत का प्रतीक है, जो प्रारंभ और अंत के पार जाकर, सभ्यताओं की धड़कनों में बसा है। इस अमर गीत में इतिहास की कहानियां, विभिन्न संस्कृतियों का संगीत और अनन्तता का सुर समाहित है। यह समय की धारा की तरह बहता है–बिना रुके, हर युग के स्वरों को अपने में समेटता और अनन्तता की ओर अग्रसर।

कालचक्र का अमर गीत

समय की गूंज में छिपे हैं
ब्रह्मांड के अनगिनत राग,
आकाश के अनन्त तारों में
समय का एक शाश्वत गीत।
वह गान जो न थमता है,
न रुकता है, बस बहता है,
जैसे बहती हैं सदियों पुरानी नदियां,
पत्थरों पर अपने निशान छोड़ती हुईं,
मिट्टी में मिलती, नई दिशाओं को जन्म देती हुईं।

सभ्यताओं के सपने

उस धारा में डूबते-उतराते हैं,
हर लहर में एक कथा,
हर कतरा एक याद
बीतते समय की महागाथा का,
जहां मिस्र के पिरामिडों से लेकर
चीन की दीवार तक,
माया के मंदिरों से लेकर
हड़प्पा के कुएं तक
गूंजता है काल का वह अजन्मा और असीम गीत।

शुरुआत और अंत के इस महाआयाम में,
नहीं कोई शुरुआत,
नहीं कोई अंत–
यह एक वृत्त है,
घूमता, समेटता, बिखेरता
अनगिनत संसारों को,
जैसे बीज से वन और फिर वन से बीज तक
वहीं लौट आती है धरती की हर सृष्टि।

वह गीत समय का नहीं,
पर समय का सार है,
न वह एक ही स्वर,
न वह एक ही ताल,
सदियों के शिल्प से गढ़ा हुआ,
सभ्यताओं के धड़कन से बसा हुआ,
वह राग जो समर्पण भी है और विद्रोह भी,
जिसमें युद्ध की गरज भी है

और प्रेम की कोमल लहर भी।

जब भी हम सुनते हैं–
पाषाण युग की गुफाओं में,
मंदिर की दीवारों पर,
ग्रंथों के अक्षरों में,
द्वारों के तोरणों में
छिपा है वही काल का शाश्वत गान,
जन्म देता है समय को
मिटाता नहीं, बस ढालता है
नए स्वरों में, नई रागिनियों में।

वह अमर गीत है कालचक्र का,
सर्वत्र, शाश्वत, अमिट।
समय की एक सदा बहती नदी,
जो न थमती है, न मुड़ती है
बस बहती जाती है,
हर बूंद में अनगिनत युगों का संगीत,
हर लहर में अनन्तता का सुर।

हम सब उस गान का अंश हैं,
उसके एक क्षण के जीवित अंश,
और हमारे स्वर मिलते हैं,
गूंजते हैं काल के उस अमर गीत में,
जैसे जल के कण मिल जाते हैं समुद्र में,
अदृश्य, लेकिन एक अपूर्व शाश्वतता में
उत्कीर्ण, अनन्तता का सुर बनाते।

इस अनन्त धारा में
हमारे गीत खोते नहीं,
बल्कि बदलते हैं,
नए रूपों में, नई सभ्यताओं में,
और समय के साथ
अनगिनत रागों की गूंज में
काल का अमर गीत
फिर से जीवंत हो उठता है।